CONTEÚDO DIGITAL PARA ALUNOS

Cadastre-se e transforme seus estudos em uma experiência única de aprendizado:

1 Escaneie o QR Code para acessar a página de cadastro.

2 Complete-a com seus dados pessoais e as informações de sua escola.

3 Adicione ao cadastro o código do aluno, que garante a exclusividade de acesso.

2503094A8271605

Agora, acesse:
www.editoradobrasil.com.br/leb
e aprenda de forma inovadora e diferente! :D

Lembre-se de que esse código, pessoal e intransferível, é válido por um ano. Guarde-o com cuidado, pois é a única maneira de você utilizar os conteúdos da plataforma.

CONHECER E TRANSFORMAR
[PROJETOS Integradores]

Maria Cecilia Guedes Condeixa (coordenação)
- Licenciada e bacharel em Biociências
- Professora e consultora em sistemas de ensino públicos e privados
- Autora de materiais educativos

Maria Teresinha Figueiredo (coordenação)
- Licenciada em Biociências e especialista em Educação Ambiental
- Professora e consultora em sistemas de ensino públicos e privados
- Autora de materiais educativos

Alpha Simonetti
- Mestre e doutora em Linguística e Semiótica Geral
- Professora na educação básica e artista de teatro
- Elaboradora e editora de textos educativos

Dulce Satiko
- Licenciada em Matemática e Pedagogia e especialista em Metodologia da Matemática
- Professora e consultora em sistemas de ensino públicos e privados
- Autora de materiais educativos

Gabriela Ribeiro Arakaki
- Licenciada e bacharel em Geografia
- Consultora em educação ambiental
- Elaboradora de materiais educativos

Rui Xavier
- Licenciado em História
- Dramaturgo e autor de literatura
- Elaborador de materiais educativos

Yanci Ladeira Maria
- Mestre e doutora em Geografia
- Pesquisadora na área indigenista
- Elaboradora de materiais educativos

Componentes curriculares: **Arte**, **Ciências**, **Geografia**, **História**, **Língua Portuguesa** e **Matemática**.

1ª edição
São Paulo, 2019

Dados Internacionais de Catalogação na Publicação (CIP)
(Câmara Brasileira do Livro, SP, Brasil)

Conhecer e transformar: [projetos integradores] 8 / Alpha Simonetti.... [et al.]; Maria Cecilia Guedes Condeixa, Maria Teresinha Figueiredo (coordenação). – 1. ed. – São Paulo: Editora do Brasil, 2019. – (Coleção conhecer e transformar)

Outros autores: Dulce Satiko, Gabriela Ribeiro Arakaki, Rui Xavier e Yanci Ladeira Maria.
ISBN 978-85-10-07590-9 (aluno)
ISBN 978-85-10-07591-6 (professor)

1. Arte (Ensino fundamental) 2. Ciências (Ensino fundamental) 3. Geografia (Ensino fundamental) 4. História (Ensino fundamental) 5. Língua portuguesa (Ensino fundamental) 6. Matemática (Ensino fundamental) I. Simonetti, Alpha. II. Satiko, Dulce. III. Arakaki, Gabriela Ribeiro. IV. Xavier, Rui. V. Maria, Yanci Ladeira. VI. Condeixa, Maria Cecilia Guedes. VII. Figueiredo, Maria Teresinha. VIII. Série.

19-28272   CDD-372.19

Índices para catálogo sistemático:
1. Ensino integrado: Livros-texto: Ensino fundamental 372.19
Iolanda Rodrigues Biode – Bibliotecária – CRB-8/10014

© Editora do Brasil S.A., 2019
Todos os direitos reservados

Direção-geral: Vicente Tortamano Avanso

Direção editorial: Felipe Ramos Poletti
Gerência editorial: Erika Caldin
Supervisão de arte e editoração: Cida Alves
Supervisão de revisão: Dora Helena Feres
Supervisão de iconografia: Léo Burgos
Supervisão de digital: Ethel Shuña Queiroz
Supervisão de controle de processos editoriais: Roseli Said
Supervisão de direitos autorais: Marilisa Bertolone Mendes

Supervisão editorial: Priscilla Cerencio
Edição: Rogério Cantelli
Assistência editorial: Felipe Adão e Ivi Paula Costa da Silva
Apoio editorial: Celeste Baumann
Copidesque: Gisélia Costa, Ricardo Liberal e Sylmara Beletti
Revisão: Alexandra Resende, Flávia Gonçalves, Gabriel Ornelas, Martin Gonçalves e Mônica Reis
Pesquisa iconográfica: Pamela Rosa e Priscila Ferraz
Assistência de arte: Daniel Campos Souza
Design gráfico: Andrea Melo
Capa: Andrea Melo
Imagens de capa: Tiwat K/Shutterstock.com, nubenamo/Shutterstock.com e balabolka/Shutterstock.com
Ilustrações: Bruna Ishihara, Claudia Marianno, Fabio Nienow, Hare Lanz, Hélio Senatore, Marcos Guilherme, Osni & Cotrim, Paula Haydee Radi e Tarcísio Garbellini
Produção cartográfica: DAE (Departamento de Arte e Editoração), Sonia Vaz e Studio Caparroz
Coordenação de editoração eletrônica: Abdonildo José de Lima Santos
Editoração eletrônica: JS Design
Licenciamentos de textos: Cinthya Utiyama, Jennifer Xavier, Paula Harue Tozaki e Renata Garbellini
Controle de processos editoriais: Bruna Alves, Carlos Nunes e Stephanie Paparella

1ª edição/1ª impressão, 2019
Impresso na Meltingcolor Gráfica e Editora Ltda.

Rua Conselheiro Nébias, 887
São Paulo, SP – CEP 01203-001
Fone: +55 11 3226-0211
www.editoradobrasil.com.br

Caro estudante,

Este livro foi feito para você, que é antenado em tudo o que está acontecendo em nosso mundo. Quando falamos assim, talvez venha à cabeça notícias sobre problemas. Pois é, realmente há muitos fatos desagradáveis e desafiadores acontecendo. Mas há também um montão de coisas alegres e estimulantes. Há muitas meninas e meninos procurando saídas para os problemas, buscando juntar iniciativas, fazer redes de contato, comunicar suas descobertas.

Muitos jovens estão encontrando uma forma de se comunicar. Muitos jovens querem entender o que está acontecendo, buscar respostas. Foi pensando em como você pode fazer parte dessa turma inovadora que propõe soluções e contribui para um mundo mais animador que escrevemos este livro.

Conhecendo melhor os projetos de conhecimento e de ação aqui propostos, você verá que não é difícil manter-se bem informado. Logo encontrará uma forma de compreender e agir: aqui há muitas ideias para você pôr em prática e compartilhar o que aprendeu.

Você nunca deve considerar-se incapaz para as tarefas. Nem achar que já sabe tudo. Comunicando-se com os colegas e professores, trocando ideias e buscando a melhor saída para todos, você verá que pesquisar em grupo é muito mais interessante... O importante é ser criativo, imaginar soluções, buscar informação para contribuir, ouvir os colegas e apresentar ideias para sua gente.

O convite está feito. Vamos ao trabalho!

CONHEÇA SEU LIVRO

APRESENTAÇÃO
Aqui você ficará sabendo qual é o tema trabalhado no projeto e a importância dele em nossa vida.

DIRETO AO PONTO
Aqui será apresentada a questão norteadora, que vai guiá-lo para chegar ao final do projeto sabendo mais a respeito do assunto do que quando começou.

JUSTIFICATIVA E OBJETIVOS
Você encontra razões importantes para desenvolver o projeto, com base na vida cotidiana e em conhecimentos aqui destacados.

DE OLHO NO TEMA
É o momento de dialogar a respeito do assunto, e você e os colegas expressarão suas ideias sobre ele. Para iniciar a conversa, será utilizada uma fotografia.

QUAL É O PLANO?
Neste momento serão apresentadas as três etapas principais do projeto, do início até a conclusão.

VAMOS AGIR
Traz atividades práticas, como experimentos, criação de modelos, pesquisas, entrevistas e muito mais.

REFLITA E REGISTRE
Orienta a conclusão dos procedimentos.

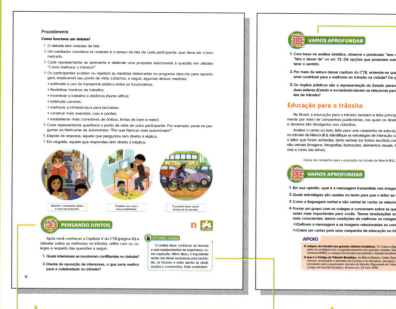

VAMOS APROFUNDAR

São atividades variadas para você checar os principais conceitos estudados por meio de questões que requerem leitura, interpretação e reflexão.

PENSANDO JUNTOS

Propõe, por meio do diálogo, a reflexão coletiva sobre determinada questão.

ATITUDES LEGAIS

Traz dicas para ajudá-lo a conviver em coletividade, trabalhando suas capacidades para o desenvolvimento pessoal e o de sua comunidade.

BALANÇO FINAL

É o momento de avaliar seu desempenho na execução do projeto.

APOIO

Aqui você encontrará indicações que auxiliam na busca de conteúdo a respeito do tema que está sendo explorado.

ÍCONES

 Oralidade   Individual   Em dupla   Em grupo   No caderno

SUMÁRIO

Projeto 1
O trânsito em cenas teatrais.................08
Qual é o plano?........................09
Etapa 1 – Explorando o assunto...10
    Debate entre o público e o privado.........10
    Em busca de soluções................12
    Dramaturgia para carros 17
    Cenas de rua.................................19
Etapa 2 – Fazendo acontecer..... 21
    Proposta investigativa 1
      Do meu local de vivência.................22
    Proposta investigativa 2
      Deslocamento na metrópole 23
    Proposta investigativa 3
      Locomoção em outro lugar do mundo..................24
Etapa 3 – Respeitável público 25
    Balanço final...................................25

Projeto 2
Fazendo as contas da poluição do ar 26
Qual é o plano?...........................27
Etapa 1 – Explorando o assunto.. 28
    Por dentro das informações.............28
    Poluição atmosférica e saúde 31
    Brasil e efeito estufa em números.........35
Etapa 2 – Fazendo acontecer 37
    Proposta investigativa 1
      O delicado equilíbrio térmico da Terra 38
    Proposta investigativa 2
      Aquecimento global e ilhas de calor..........................40
    Proposta investigativa 3
      Concentração de poluentes e saúde.......44
Etapa 3 – Respeitável público 47
    Balanço final................................... 47

Projeto 3
Migrações 48

Qual é o plano? 49

Etapa 1 – Explorando o assunto.... 50

O Brasil e o trânsito de pessoas pelo planeta 50
Migrações forçadas 54
Povoamento dos continentes 56
"Fazer a América": memória e ficção 58

Etapa 2 – Fazendo acontecer 61

Proposta investigativa 1
Migrante da família ou da comunidade 62
Proposta investigativa 2
Refugiados e imigrantes no Brasil 64
Proposta investigativa 3
Emigrante brasileiro: personagem do mundo 67

Etapa 3 – Respeitável público 69

Balanço final 69

Projeto 4
Fontes de energia elétrica 70

Qual é o plano? 71

Etapa 1 – Explorando o assunto 72

Fontes de energia elétrica 72
A energia em artigos de divulgação científica 77

Etapa 2 – Fazendo acontecer 82

Proposta investigativa 1
Energia de combustíveis fósseis 82
Proposta investigativa 2
Energia de Biomassa 84
Proposta investigativa 3
Energia nuclear 86
Proposta investigativa 4
Energia solar 88
Proposta investigativa 5
Energia eólica 91
Proposta investigativa 6
Energia hidráulica 93

Etapa 3 – Respeitável público 95

Balanço final 96

PROJETO 1

O trânsito em cenas teatrais

Todos os dias, as pessoas que moram ou trabalham nos centros urbanos enfrentam trânsito nas ruas, seja intenso, seja moderado. Na cidade, por onde passam milhares de rostos anônimos, o trânsito nos afeta e é frequentemente considerado "tempo perdido". Como a vida particular se insere na coletividade, a cidade se abre, semelhante a um palco em que os cidadãos são atores sociais.

O teatro na cidade (ou da cidade) pode ser algo inusitado, que atravessa o caminho de repente, observado por todos os lados. A vida pública começa a se integrar à narrativa, às personagens e à ação costuradas numa dramaturgia.

DE OLHO NO TEMA

Na fotografia abaixo vemos um escritório e uma parada de bondes no Areal, às margens do Rio Tietê, São Paulo (SP), c. 1905.

Carruagens e bondes puxados a tração animal foram, até o começo do século XX, os principais meios de transporte coletivo em várias cidades do mundo. Naquela época, não era comum haver ruas com trânsito lento e congestionamentos. Além disso, a pressa para se concluir os trajetos não era um comportamento generalizado.

- Como o trânsito interfere no seu cotidiano?
- Em sua opinião, como era a mobilidade nas cidades na época da fotografia? Compare-a com o modo pelo qual o trânsito afeta a vida das pessoas atualmente.
- Como o teatro poderia se tornar um exercício de solidariedade ou participação da coletividade?

DIRETO AO PONTO

Por que devemos exercer o papel de cidadão ao lidar com o trânsito da cidade?

JUSTIFICATIVAS

- A cidadania é o exercício de direitos e deveres na vida em sociedade. Uma das frentes em que ela deve ser exercida é na busca pela compreensão da vida no trânsito. Assim, investigaremos, por meio do teatro, como podemos participar da vida pública. O fazer teatral sobre o trânsito possibilita investigar a solidariedade e a participação na coletividade.

OBJETIVOS

- Conhecer o direito de todos os cidadãos no que se refere à locomoção e à segurança no trânsito.
- Investigar os papéis e os atores sociais relacionados ao trânsito.
- Produzir cenas teatrais com base na improvisação coletiva.

QUAL É O PLANO?

Etapa 1 – Explorando o assunto

- Debate entre o público e o privado
- Em busca de soluções
- Dramaturgia para carros
- Cenas de rua

Etapa 2 – Fazendo acontecer

- **Proposta investigativa 1** – Do meu local de vivência
- **Proposta investigativa 2** – Deslocamento na metrópole
- **Proposta investigativa 3** – Locomoção em outro lugar do mundo

Etapa 3 – Respeitável público

- Organizar resultados da pesquisa
- Apresentação dos produtos finais

Balanço final

- Avaliação individual e coletiva

Avaliação continuada: Vamos conversar sobre isso?

↓ Cidadãos usam bicicleta como meio de transporte em Londres, Inglaterra.

ETAPA 1 — EXPLORANDO O ASSUNTO

Debate entre o público e o privado

A vida em sociedade faz surgir a todo momento o debate sobre os interesses públicos e os interesses privados, ou seja, o conflito para definir o que é comum a todos os cidadãos e o que é exclusivo da vida familiar ou individual. Para mediar os interesses as leis são necessárias, como o Código de Trânsito Brasileiro (CTB), um dos documentos cujo papel é regular essas relações.

Código de Trânsito Brasileiro

Estabelecido em 1997 pela Lei nº 9.503, o CTB compreende que a segurança e a locomoção são direitos fundamentais dos cidadãos. Reúne um conjunto de normas para a circulação de pedestres e de veículos, tanto os motorizados como os não motorizados, e aponta obrigatoriedades de segurança, assim como a determinação das infrações e da aplicação de penalidades (multas em geral).

A faixa de pedestres é uma sinalização de trânsito determinada por lei. Embora simples, é um recurso que ordena satisfatoriamente o tráfego nas vias públicas.

↑ Pessoas atravessam na faixa de pedestres no Recife (PE).

As leis devem ser organizadas de forma clara, objetiva e precisa para que possam ser consultadas e aplicadas. No entanto, ainda que a organização seja clara, a compreensão das leis pode ser uma tarefa complexa.

Observe um trecho do Código de Trânsito Brasileiro. Ele está dividido em capítulo, artigo e parágrafo único.

CAPÍTULO V

Do cidadão

Art. 72. Todo cidadão ou **entidade civil** tem o direito de solicitar, por escrito, aos órgãos ou entidades do Sistema Nacional de Trânsito, sinalização, fiscalização e implantação de equipamentos de segurança, bem como sugerir alterações em normas, legislação e outros assuntos pertinentes a este Código.

Art. 73. Os órgãos ou entidades pertencentes ao Sistema Nacional de Trânsito têm o dever de analisar as solicitações e responder, por escrito, dentro de prazos mínimos, sobre a possibilidade ou não de atendimento, esclarecendo ou justificando a análise efetuada, e, se pertinente, informando ao solicitante quando tal evento ocorrerá.

Parágrafo único. As campanhas de trânsito devem esclarecer quais as atribuições dos órgãos e entidades pertencentes ao Sistema Nacional de Trânsito e como proceder a tais solicitações.

BRASIL. *Lei nº 9.503, de 23 de setembro de 1997* [Código de Trânsito Brasileiro]. Disponível em: www.planalto.gov.br/ccivil_03/leis/L9503.htm. Acesso em: 30 maio 2019.

> **GLOSSÁRIO**
>
> **Entidade civil**: associação de cidadãos com propósitos comuns definidos, por exemplo, associações de bairro, grupos de defesa de patrimônio ou do meio ambiente, partidos políticos etc.

1. Com base na análise sintática, observe o predicado "tem o direito de" no art. 72 e o predicado "têm o dever de" no art. 73. Dê opções que poderiam substituir esses dois predicados sem alterar o sentido.

2. Por meio da leitura desse capítulo do CTB, entende-se que, pelo exercício da cidadania, é possível contribuir para a melhoria do trânsito na cidade? De que maneira?

3. Os órgãos públicos são a representação do Estado perante os cidadãos. De que modo essas duas esferas (Estado e sociedade) devem se relacionar para que haja o efetivo cumprimento das leis de trânsito?

Educação para o trânsito

No Brasil, a educação para o trânsito também é feita principalmente por meio de campanhas publicitárias, nas quais os direitos e deveres são divulgados aos cidadãos.

Analise o cartaz ao lado, feito para uma campanha de educação no trânsito de Niterói (RJ). Identifique as estratégias de interação com o leitor que foram adotadas, tanto verbais (os textos escritos) como não verbais (imagens, fotografias, ilustrações, elementos visuais, formas e cores das letras).

Cartaz de campanha para a educação no trânsito de Niterói (RJ), 2015.

1. Em sua opinião, qual é a mensagem transmitida nas imagens do cartaz?
2. Quais estratégias são usadas no texto para que o leitor se identifique com a campanha?
3. Como a linguagem verbal e não verbal do cartaz se relacionam para compor a mensagem?
4. Forme um grupo com os colegas e conversem sobre as questões de trânsito consideradas mais importantes para vocês. Temos sinalizações adequadas? Sendo pessoas mais conscientes, temos condições de melhorar os congestionamentos?
    a) Definam a mensagem e as imagens relacionadas ao conteúdo que será transmitido.
    b) Criem um cartaz para uma campanha de educação no trânsito.

APOIO

O colapso do trânsito nas grandes cidades brasileiras. *TV Cultura Digital*, 5 min 24 s. Reportagem a respeito do problema dos congestionamentos nas grandes cidades. Disponível em: https://tvcultura.com.br/videos/6402_o-colapso-do-transito-nas-grandes-cidades-brasileiras.html. Acesso em: 24 maio 2019.

O que é o Código de Trânsito Brasileiro, de Márcia Rabelo. *Clube Detran*. O texto dá explicações de normas, resoluções e decretos do Contran e do Denatran, principais órgãos do Poder Executivo responsáveis pelo cumprimento das leis de trânsito. Disponível em: https://clubedetran.com.br/o-que-codigo-de-transito-brasileiro. Acesso em: 24 maio 2019.

Em busca de soluções

Seja onde for, as pessoas muitas vezes precisam se deslocar para realizar atividades diárias, mas, em uma cidade com grande população, esses deslocamentos podem consumir bastante tempo, conforme o horário e a distância do trajeto. Isso afeta a saúde das pessoas, por isso é importante que todos reflitam sobre o problema.

A reportagem a seguir apresenta um programa desenvolvido pelo Banco Mundial que cria medidas para melhorar o trânsito. Participaram do projeto 1500 funcionários de empresas instaladas em torno da Avenida Engenheiro Luís Carlos Berrini, na cidade de São Paulo, onde se concentram muitos escritórios. Nessa região, um carro pode demorar até meia hora só para sair da garagem de um prédio.

Durante a leitura, atente-se aos pontos a seguir.

1. Leia individualmente o texto e anote as palavras desconhecidas.
2. Identifique o uso do discurso direto nas falas das pessoas entrevistadas.
3. Forme um grupo com até cinco colegas e revezem-se na leitura em voz alta do artigo.

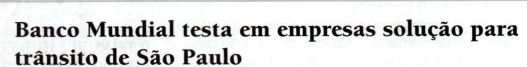

http://g1.globo.com/sao-paulo/noticia/2014/05/banco-mundial-testa-em-empresas-solucao-para-transito-de-sao-paulo.html

Banco Mundial testa em empresas solução para trânsito de São Paulo

Funcionários foram incentivados a deixar o carro em casa.

Programa diz ter reduzido número de veículos na região da Av. Berrini.

Um projeto do Banco Mundial com 10 empresas da região da Av. Engenheiro Luís Carlos Berrini, na Zona Sul de São Paulo, criou iniciativas para melhorar o trânsito em **horários de pico**.

Incentivo ao uso de transporte público, ônibus fretado, caronas e flexibilização de horário foram algumas das medidas discutidas com as companhias e, ao final de um ano, o número de funcionários que utilizam o carro para ir ao trabalho diminuiu de 53% para 50%.

O programa foi desenvolvido após observar experiências semelhantes nos Estados Unidos, que buscou na iniciativa privada parte da solução para o problema da mobilidade. "Mesmo voluntariamente, o projeto causa impacto", afirma a coordenadora do projeto no Brasil, Andrea Leal. Cerca de 1,5 mil funcionários participaram do programa.

Ao longo de um ano os funcionários foram orientados a usar alternativas ao carro como principal meio de transporte. O uso do transporte público cresceu de 29% para 31%.

Entre as opções oferecidas pelas empresas está o ônibus fretado. Essa foi outra alternativa bem recebida. O transporte, que antes era usado por 6% dos entrevistados, passou a ser o principal meio de transporte de 10% dos empregados após o incentivo das companhias.

O gerente de certificação Marcos Jacobina trocou o veículo próprio pelo **ônibus fretado** para percorrer o trajeto de sua casa, em Mauá [município de São Paulo], ao trabalho. O incentivo veio da empresa em que trabalha, o Instituto Brasileiro de Governança Corporativa, que participou do programa-piloto de mobilidade do Banco Mundial. "Meu carro chegou a bater 220 mil quilômetros rodados só de ir e voltar do trabalho", conta Jacobina. "Falei chega. Não dá mais. O trajeto é o mesmo. Só que eu venho e volto lendo, assistindo televisão, dormindo. Em termos de horário não mudou, mas a qualidade do transporte é bem melhor", afirma.

O Instituto Brasileiro de Governança Corporativa (IBGC) reduziu de 42% para 27% o número de funcionários que iam de carro para a empresa. O uso do ônibus fretado cresceu de 3% para 7%.

Além da divulgação de opções de transporte público, a empresa também ofereceu a opção do **home office** para alguns funcionários e flexibilizou o horário de entrada e saída na empresa. "É uma tendência. Grandes empresas estão fazendo isso. É uma questão de mobilidade e de qualidade de vida também. Retém mais talento", avalia o superintendente de operações do IBGC, Emílio Martos.

Para o Banco Mundial, o envolvimento de empresas em políticas para melhorar a mobilidade é essencial. "Para que haja um impacto tem de ter um conjunto de pequenas medidas. Não vai ser a solução para tudo, mas pelo menos temos um plano de ações", afirma o especialista sênior em transportes do Banco Mundial, Georges Darido.

http://g1.globo.com/sao-paulo/noticia/2014/05/banco-mundial-testa-em-empresas-solucao-para-transito-de-sao-paulo.html

Caronas

Entre os funcionários que não abrem mão do conforto do carro, a opção foi incentivar a oferta de caronas. [Este sistema] conseguiu aumentar de 4% para 7% o número de funcionários que adotavam a prática no IBGC. [...]

"A carona só tem dois resultados: ou ela tira um carro da rua ou tira alguém do transporte público. Se tira alguém do transporte, na situação atual, beneficia a quem fica. Se tira o carro, melhora o trânsito, melhora a poluição e abre espaço para o transporte público, para o ciclista", argumenta o **CEO** e criador do *site* [de grupos de carona], Márcio Nigro.

Por ser compartilhado apenas entre pessoas de uma mesma empresa, [esse *site*] soluciona um obstáculo apresentado por 42% dos funcionários que não se sentiam à vontade para oferecer ou pegar caronas por preferir que elas fossem realizadas entre pessoas do mesmo prédio.

"O *site* não é uma rede social. Ele só mostra quem está próximo e tem o mesmo trajeto", explica Nigro. Os usuários cobram pelos trajetos que fazem e pagam pelas caronas que pegam em forma de créditos, que podem ser trocados por produtos em lojas, combustível ou até mesmo por pacotes de viagem.

Para Georges Darido, o uso compartilhado dos automóveis é uma solução importante para a região da Berrini, que concentra um grande número de pessoas que dirigem desacompanhadas. "O programa é uma estratégia que seria de maior interesse onde existe uma concentração muito grande de uso de automóvel, como a Berrini", afirma.

"Identificando as lições aprendidas e as condições ideais para esse tipo de estratégia, gostaríamos de divulgar essa experiência para que ela seja replicada", afirma Darido. "Claro que tem um longo caminho para percorrer, até porque, em outros países há uma **legislação** para que as empresas também participem e apresentem soluções para a mobilidade", conclui Andrea Leal.

A região da Avenida Engenheiro Luís Carlos Berrini, em São Paulo (SP), concentra prédios de escritórios com milhares de funcionários.

Lais Cattassini. Banco Mundial testa em empresas solução para trânsito de São Paulo. *G1*, 24 maio 2014.
Disponível em: http://g1.globo.com/sao-paulo/noticia/2014/05/banco-mundial-testa-em-empresas-solucao-para-transito-de-sao-paulo.html.
Acesso em: 24 maio 2019.

GLOSSÁRIO

CEO: sigla inglesa para *chief executive officer*, cargo semelhante, no Brasil, ao de diretor-executivo.
Home office: escritório em casa.
Horário de pico: horário em que o grande fluxo de pessoas em carros, ônibus, trens etc. gera pontos de saturação ou congestionamento.
Legislação: no contexto do artigo, refere-se à existência de leis específicas que tentam combater o problema do trânsito no zoneamento urbano. Uma delas é a Lei de Polos Geradores de Tráfego, também conhecida como Lei de Polo Atrativo de Trânsito, que estabelece regras para a construção de grandes empreendimentos comerciais, empresariais e residenciais.
Ônibus fretado: ônibus privado alugado para percorrer um trajeto predefinido. Neste caso, de casa até o trabalho e vice-versa.

1. De acordo com a reportagem, as empresas podem ajudar a aliviar o trânsito. Além delas, identifique os outros envolvidos na melhoria do trânsito.

2. Algumas das ações para melhorar o trânsito, como a implementação de linhas de trem e metrô, dependem do poder público. Quais são as ações individuais que fazem parte das medidas (elaboradas pelo programa do Banco Mundial) para aliviar o trânsito?

3. Na reportagem são citados alguns indivíduos, por exemplo: "O gerente de certificação Marcos Jacobina trocou o veículo próprio pelo ônibus fretado para percorrer o trajeto de sua casa, em Mauá [SP], ao trabalho". Ele pode ser considerado um ator social porque participa da sociedade como cidadão e desempenha papéis reconhecidos socialmente. Identifique outros atores sociais, tanto indivíduos como grupos de pessoas de empresas ou instituições citadas no texto.

A proposta desta atividade é desenvolver um debate, a fim de que as pessoas exponham as ideias e usem argumentos para defendê-las. O tema será trânsito.

Preparativo

1. Para selecionar os papéis e pontos de vista envolvidos com a questão do trânsito, façam uma lista com os possíveis interessados nesse debate. Observe os indivíduos citados na reportagem explorada anteriormente e considerem outros envolvidos que não foram mencionados. Veja algumas possibilidades a seguir:
    - ciclistas;
    - motoristas de carro;
    - motoristas de ônibus;
    - pesquisadores;
    - repórteres;
    - prefeito;
    - vereadores;
    - fabricantes de automóveis;
    - diretores de companhias de trem ou metrô;
    - construtores de empreendimentos imobiliários;
    - representantes de associações de bairro;
    - superintendentes de operações de trânsito;
    - trabalhadores de centros de negócios.

2. A turma deve selecionar os papéis e estabelecer o que cada participante representará no debate. Defina se você mesmo será representante de uma causa ou se prefere encarnar um personagem específico. Combinem entre os grupos a divisão, de modo que todos os papéis estejam presentes.

3. Uma vez feita a lista coletiva de possíveis debatedores, escolha e elabore o seu personagem. Quanto mais detalhes sobre ele você encontrar e desenvolver, principalmente a respeito dos interesses do personagem, melhor será o debate. Ao preparar o ponto de vista que defenderá, observe as instruções a seguir.

a) Cada papel deve ser elaborado de acordo com características individuais: idade (criança, jovem, adulto ou idoso), atividade profissional (ou aposentado), motivo de circular na cidade, meio de transporte que utiliza, interesses econômicos etc.

b) Consulte pessoas, jornais, revistas, *sites* de órgãos públicos, entre outros, para saber qual é o interesse de seu personagem no debate sobre a circulação ou o trânsito nas grandes cidades.

c) Prepare a defesa dos interesses do ator social representado por você, refletindo a respeito de algumas preocupações dele, por exemplo:
- transporte público;
- qualidade do ar e poluição;
- saúde;
- interesses econômicos.

No debate, os argumentos têm de ser apresentados com firmeza, mas sempre com respeito.

APOIO

Como empresas podem ajudar a aliviar o trânsito de SP, de Paula Adamo Idoeta. *BBC Brasil*, 19 set. 2013. Traz informações detalhadas sobre o estudo desenvolvido pelo Banco Mundial, com depoimentos de funcionários envolvidos no programa. Disponível em: www.bbc.com/portuguese/noticias/2013/09/130916_transito_bancomundial_pai. Acesso em: 24 maio 2019.

Metrôs avançam (devagar) em cidades brasileiras, de Marcos de Sousa. *Mobilize Brasil*, 8 set. 2017. A matéria mostra como ainda é pequena a rede de metrôs em cidades brasileiras. Disponível em: www.mobilize.org.br/noticias/10564/metros-avancam-lentamente-em-cidades-brasileiras.html. Acesso em: 24 maio 2019.

Procedimento

Como funciona um debate?

1. O debate tem rodadas de fala.
2. Um mediador coordena as rodadas e o tempo de fala de cada participante, que deve ser cronometrado.
3. Cada representante se apresenta e defende uma proposta relacionada à questão em debate: "Como melhorar o trânsito?".
4. Os participantes aceitam ou rejeitam as medidas elaboradas no programa descrito pela reportagem, explicando seu ponto de vista. Listamos, a seguir, algumas dessas medidas:
   - estimular o uso do transporte público entre os funcionários;
   - flexibilizar horários de trabalho;
   - incentivar o trabalho a distância (*home office*);
   - estimular caronas;
   - melhorar a infraestrutura para bicicletas;
   - construir mais avenidas, ruas e pontes;
   - estabelecer mais corredores de ônibus, linhas de trem e metrô.
5. Cada representante questiona o ponto de vista de outro participante. Por exemplo, pode-se perguntar ao fabricante de automóveis: "Por que fabricar mais automóveis?".
6. Depois da resposta, aquele que perguntou tem direito à réplica.
7. Em seguida, aquele que respondeu tem direito à tréplica.

Valorizar o transporte público é uma das propostas.

Trabalhar em casa é uma possibilidade.

É possível haver outras formas de locomoção.

 PENSANDO JUNTOS

Após você conhecer o Capítulo V do CTB (página 10) e debater sobre as melhorias no trânsito, reflita com os colegas a respeito das questões a seguir.

1. Quais interesses se mostraram conflitantes no debate?
2. Diante da oposição de interesses, o que seria melhor para a coletividade no trânsito?

 **ATITUDES LEGAIS**

O ciclista deve conhecer as normas e usar equipamentos de segurança, como capacete. Além disso, é importante andar nas faixas exclusivas para bicicletas, se houver, e estar atento às sinalizações e conversões. Evite acidentes!

Dramaturgia para carros

O espaço urbano é palco de encontros e desencontros. O aglomerado de pessoas nas cidades tem levado à constante discussão a respeito dos aspectos do cotidiano ou das questões de cidadania. Esse processo ficou evidente nas pólis – cidades-Estado da Grécia Antiga –, quando se fortaleceu a tradição do teatro. Desde então, a esfera pública inspira a dramaturgia de todos os tempos e lugares.

O texto teatral ou a dramaturgia tem características próprias, distintas das obras escritas para serem lidas em particular. Em geral, é um texto para ser declamado diante de uma plateia, contando com a oralidade (sonoridades regionais, entonação, ritmo etc.) e a expressão corporal. Esses elementos manifestam intenções nas falas, o que ocorre também nos diálogos do cotidiano. Se por um lado o teatro está em diálogo com a cidade, por outro, a cidade já é um teatro.

"Teatro a vapor"

Artur de Azevedo (1855-1908) foi poeta, contista, dramaturgo e jornalista. Entre 1906 e 1908, escreveu a coluna "Teatro a vapor", no jornal carioca *A Notícia*. Nesse espaço, ele criava pequenas cenas teatrais para comentar o cotidiano urbano. Esse estilo acabou inovando o gênero da crônica.

> A **crônica**, gênero literário que se desenvolveu nos jornais, comenta os eventos diários e a sociedade. Contudo, diferentemente do texto jornalístico e informativo, nas crônicas podem ser utilizados elementos da ficção.

Nos textos de "Teatro a vapor", os cenários não se limitavam ao interior das casas, ou seja, ao espaço privado, tão comum no teatro. Também eram apresentadas cenas nas ruas do Rio de Janeiro (espaço público), com seus bondes elétricos, onde ocorriam encontros entre transeuntes diversos – homens, mulheres, jovens e idosos.

↑ Artur de Azevedo nasceu em São Luís (MA) e mudou-se para o Rio de Janeiro aos 18 anos.

↑ Bonde elétrico na praia de Botafogo, Rio de Janeiro (RJ), c. 1910.

Leia em voz alta, com a turma, o texto a seguir. O esquete (cena curta) mostra o encontro entre duas pessoas na rua que comentam notícias do cotidiano.

Cinco horas

*Na esquina de uma rua – Dois **carregadores** portugueses conversam.*

1º Carregador – Viste o telegrama de Lisboa?

2º Carregador – Qual telegrama?

1º C. – Parece que o s'or D. Carlos vem mesmo ao Rio de Janeiro!

2º C. – Isso é velho.

1º C. – É velho, não, que um figurão da política de lá tinha dito que sua majestade não devia vir, por mais isto e mais aquilo, porque torna, porque vira e não sei que mais! O diabo que os entenda!

2º C. – Mas que diz o tal telegrama?

1º C. – Diz que o sr. D. Carlos vem ao Rio de Janeiro e que há de receber a todos os portugueses!

2º C. – Todos?

1º C. – Todos, embora leve cinco horas a recebê-los!

2º C. – Ó Zé, quantos portugueses há no Rio de Janeiro?

1º C. – Sei lá! Isso só se pode saber no consulado.

2º C. – Mas quantos calculas?

1º C. – Calculo *praí* uns poucos de milhares...

2º C. – Morreu o Neves! Olha que no Rio de Janeiro não há menos de duzentos mil portugueses!

1º C. – Duzentos mil! Não será muito?

2º C. – Muito? Olha que só lá na **estalagem** somos oitenta e quatro!

1º C. – Pois bem, vá lá, duzentos mil...

2º C. – Mas demos de barato que seja só metade: cem mil... Ora, cem mil, dividido por cinco horas, dá vinte mil por hora...

1º C. – Isso dá.

2º C. – E pensa o s'or D. Carlos que pode receber vinte mil homens por hora? Boas!

1º C. – É difícil, é...

2º C. – Mas demos de barato que sejam só cinquenta mil... Aí temos dez mil homens por hora! Ó Zé, tu sabes o que são dez mil homens?

1º C. – Mas, afinal, isto de receber não quer dizer que sua majestade vá dar trela a um por um: – Como vai você? E os pequenos? Então tem-se dado bem por cá? Quando dá pulo à santa terrinha? – Não senhor, sua majestade não fará mais que um cumprimento de cabeça, e já não é pouco... Olha, que cem mil ou duzentos mil cumprimentos de cabeça! É para um homem ficar descabeçado!

2º C. – De cabeça. Boas! Todos os bons portugueses quererão apertar e beijar a mão ao seu rei?...

1º C. – Tens razão! Eu, pelo menos, se ele me estender a mão, hei de apertá-la com entusiasmo, assim! (*Aperta a mão do outro.*)

2º C. – (*Dando um grito.*) Aí! Que grande bruto! Se apertares assim a mão ao s'or D. Carlos, serás preso por crime de lesa-majestade!

Artur de Azevedo. Cinco horas. *Teatro a vapor.*
Disponível em: www.teatronaescola.com/index.php/banco-de-pecas/item/teatro-a-vapor-arthur-azevedo.
Acesso em: 24 maio 2019.

> **GLOSSÁRIO**
>
> **Carregador:** trabalhador que transporta cargas, ou mercadorias em geral, em armazéns, portos etc. Pode executar a tarefa manualmente ou com carrinhos de mão.
>
> **Estalagem:** pousada ou hospedaria para viajantes.

VAMOS APROFUNDAR

1. O texto teatral traz características próprias, como as rubricas ou didascálias, que aparecem em meio ao diálogo, entre parênteses, indicando de que maneira o texto deve ser lido e encenado. Localizem no esquete os momentos em que surgem as rubricas e aponte quais as funções delas para a encenação nos trechos relacionados:

    a) à descrição do espaço no início;

    b) ao aperto de mãos do primeiro carregador;

    c) ao grito do segundo carregador.

2. Junte-se a um colega e façam mais uma leitura, em que cada um representa um personagem.

3. Elaborem novas rubricas para as falas do personagem que representaram, considerando as intenções, os interesses, os sentimentos e os gestos deles. Pensem também como seria a voz do rei, que o primeiro carregador imita.

4. Em uma nova leitura, troquem de personagem. A atuação deve se basear nas rubricas que vocês criaram.

Cenas de rua

Veremos outro exemplo de teatro sobre a cidade. Depois da Primeira Guerra Mundial (1914-1918), o teatro alemão passou a dar mais atenção à vida pública, ao cotidiano da cidade, à sociedade e à política. A nova forma de interpretar tornou-se mundialmente conhecida como **teatro épico**.

Esse tipo de teatro inclui narradores que fazem descrições e comentários no meio da encenação. Por meio desse recurso, o ator interrompe a cena, distancia-se do personagem e assume o ponto de vista de um observador externo. A narração também pode ser feita por outros atores, em locais distintos no palco e paralelamente à encenação.

O dramaturgo alemão Eugen Bertholt Friedrich Brecht, mais conhecido como **Bertolt Brecht,** foi o maior expoente do gênero. Leia a seguir uma descrição desse recurso feita por ele, no qual utiliza justamente as cenas de rua como exemplo.

É relativamente fácil apresentar um esquema do teatro épico. Para trabalhos práticos, eu escolhia, habitualmente, como exemplo de teatro épico mais insignificante, que é como quem diz "natural", um acontecimento que se pudesse desenrolar em qualquer esquina de rua: a testemunha ocular do acidente de trânsito demonstra a uma porção de gente como se passou o desastre. O auditório pode não ter presenciado a ocorrência ou pode, simplesmente, não ter um ponto de vista idêntico ao narrador, ou seja, pode ver a questão de outro ângulo; o fundamental é que o relator reproduza a atitude do motorista, ou a do atropelado, ou as de ambos, de tal forma que os circunstantes tenham a possibilidade de formar um juízo crítico sobre o acidente.

Bertolt Brecht. Cena de rua – Modelo de uma cena de teatro épico. *Teatro dialético*. Rio de Janeiro: Civilização Brasileira, 1967. p. 90.

↑ Bertolt Brecht (1898-1956) foi dramaturgo, poeta e diretor de teatro. Fotografia de c. 1955.

↑ Encenação de uma das mais famosas peças de Bertolt Brecht, *A mãe*, um exemplo de teatro épico. Berlim, Alemanha, 1956.

O teatro épico se faz por meio da observação dos acontecimentos cotidianos.

Apresentando um evento cotidiano como exemplo, Brecht ensina que em nossa vida comum narramos, comentamos e encenamos os fatos. O dramaturgo levou essa percepção para os palcos. Com esse recurso, as falas dos personagens podem apresentar outros pontos de vista.

 VAMOS APROFUNDAR

1. O teatro épico pretende que a audiência desenvolva um juízo crítico. Qual é a estratégia utilizada?

2. Há outras situações cotidianas em que é necessário narrar o fato para entendê-lo melhor? Comente.

3. Em sua opinião, por que é importante, em determinadas circunstâncias, o ponto de vista distanciado de um observador ou narrador?

 **VAMOS AGIR**

1. Com base no esquete de Artur de Azevedo, crie e introduza no diálogo entre os carregadores um acontecimento na rua.

2. Diante do acontecimento, é necessário narrar para explicar o que ocorreu. O narrador pode ser um dos carregadores ou alguém que está passando, como uma testemunha ocular.

3. Convide alguns colegas para representar os personagens e faça uma leitura para a turma.

4. Depois da leitura das produções, discuta com a turma de que maneira o teatro pode ajudar a analisar a cidade em que vivemos e refletir sobre os problemas urbanos e as soluções para eles.

ETAPA 2 FAZENDO ACONTECER

Reflita sobre o que foi visto até agora e discuta possíveis respostas à questão norteadora da seção **Direto ao ponto**.

> Por que devemos exercer o papel de cidadão ao lidar com o trânsito da cidade?

Orientações gerais

Nesta etapa, as propostas visam à realização de escrita dramatúrgica de modo colaborativo. O ponto de partida são as improvisações que cada grupo fará, com foco na situação do trânsito de uma cidade do Brasil ou de outro país.

1. Criação do personagem
   - Cada participante desenvolve um personagem considerando elementos já trabalhados e outros que podem ser aprofundados, por exemplo: idade, principal atividade, horários em que se desloca pela cidade, motivos desse deslocamento etc.

2. Situação e acontecimento
   a) Na improvisação da situação, a movimentação do trânsito aparece de maneira diversificada. Use como referência notícias de jornal e a observação direta das ruas de seu município.
   b) Algo inesperado ou surpreendente ocorre e faz a situação se transformar. Veja alguns exemplos do que pode ocorrer.
      - Um encontro entre amigos que não se veem faz tempo.
      - Uma grande árvore caída no meio da faixa de pedestre.
      - Um animal desconhecido que cruza a pista.
      - Um meteorito no trilho do trem intermunicipal.
      - Um engarrafamento recorde.

3. Criação da narração
   - Diante do acontecimento, é preciso narrar, descrever, comentar etc. Isso tudo pode ser feito por um narrador ou vários deles.

Solte a criatividade e entre no personagem.

PROPOSTA INVESTIGATIVA 1

DO MEU LOCAL DE VIVÊNCIA

> **Metas**
> - Conhecer o trânsito de onde se vive ou da área da escola.
> - Elaborar uma cena teatral.

Primeira fase

Em grupo

1. Você e os colegas de grupo vão debater o trânsito de onde vivem – do munícipio ou do bairro, caso seja uma cidade grande. É possível se basear na observação direta do local.

2. Para pesquisar determinada cidade, utilize um *site* de buscas na internet e digite o nome da sua cidade acompanhado da palavra "trânsito".

3. Por meio da pesquisa, levantem os papéis e interesses envolvidos nas questões específicas do trânsito local.

Individualmente

4. Após o levantamento em grupo, faça a pesquisa para a criação de um papel. Você deve avaliar as possibilidades e escolher um tipo específico de indivíduo.

5. Depois, aprofunde a pesquisa desse papel, pois ele será seu personagem na cena.

6. Faça um levantamento na internet ou entreviste pessoas que possam fornecer informações e opiniões para compor os detalhes do personagem. Para criá-lo, é necessário refletir sobre os interesses e pensamentos dele, considerando o tema em questão.

Segunda fase

Em grupo

1. Reúnam-se e ensaiem. Comecem fazendo exercícios de improvisação, que serão a matéria-prima para a escrita da cena. Eles podem começar de forma simples, inserindo os personagens na situação do trânsito, e ganhar complexidade até, de repente, acontecer algo inesperado. Quanto mais você improvisa, mais solta o corpo e a imaginação.

2. Planejem o acontecimento inesperado que ocorre no trânsito e marquem encontros para escrever o texto.

3. Durante a escrita, combinem o momento de entrada do narrador ou narradores em cena. Para completar a encenação, investiguem o papel do narrador (aquele que explicará o que aconteceu no evento inesperado).

> **APOIO**
>
> **Cidades pequenas e trânsito**, de Bruno Bocchini. *Agência Brasil*, 25 ago. 2018. O artigo mostra que cidades médias e pequenas também enfrentam problemas de mobilidade. Disponível em: http://agenciabrasil.ebc.com.br/geral/noticia/2018-08/cidades-medias-e-pequenas-tambem-enfrentam-problemas-de-mobilidade. Acesso em: 24 maio 2019.

PROPOSTA INVESTIGATIVA 2
DESLOCAMENTO NA METRÓPOLE

> **Metas**
> - Conhecer o trânsito de uma metrópole brasileira.
> - Elaborar uma cena teatral.

Primeira fase
Em grupo

1. Converse com os colegas de grupo sobre o que conhecem do trânsito das grandes cidades. Utilizem as informações coletadas na etapa anterior.

Individualmente

2. Busque na internet *sites* com informações a respeito do trânsito em alguma metrópole. Se você morar em uma, considere usá-la como referência para o trabalho.

3. Com base em sua vivência ou na pesquisa, mapeie os pontos de congestionamento ou de saturação do trânsito, procurando as causas e possíveis soluções. Para pesquisar as cidades, utilize um *site* de buscas na internet e digite o nome da localidade acompanhada da palavra "trânsito".

4. Tente conversar com pessoas que já viveram nessas cidades ou que viajem constantemente para elas.

5. A partir da pesquisa, considere os interesses relacionados ao trânsito na cidade grande e selecione um deles para você representar com seu personagem.

6. Durante o processo de criação do personagem, pode ser necessário buscar outras informações, além de imaginar e elaborar uma narrativa descrevendo um dia vivido por ele. Por isso, você e os colegas devem aperfeiçoar os personagens para a próxima fase da investigação.

↑ Trânsito na Avenida Abdias de Carvalho, no Recife (PE), 2018.

Segunda fase
Em grupo

1. Reúnam-se e ensaiem. Comecem fazendo exercícios de improvisação, que serão a matéria-prima para a escrita da cena. Eles podem começar de forma simples, inserindo os personagens na situação do trânsito, e ganhar complexidade até, de repente, acontecer algo inesperado. Quanto mais você improvisa, mais solta o corpo e a imaginação.

2. Planejem o acontecimento inesperado que ocorre no trânsito e marquem encontros para escrever o texto.

3. Durante a escrita, combinem o momento de entrada do narrador ou narradores em cena. Para completar a encenação, investiguem o papel do narrador (aquele que explicará o que aconteceu no evento inesperado).

PROPOSTA INVESTIGATIVA 3

LOCOMOÇÃO EM OUTRO LUGAR DO MUNDO

> **Metas**
> - Conhecer o trânsito de cidades de outro país.
> - Elaborar uma cena teatral.

Primeira fase

Individualmente

1. Pesquise o trânsito em outros lugares do mundo. Considere, por exemplo, cidades da Holanda e da Espanha, em que a maioria das pessoas anda de bicicleta e as crianças participam de treinamentos em "jardins de trânsito" para adquirir permissão de conduzir bicicleta.

2. Busque informações para elaborar um personagem que viva nesse lugar: como é o cotidiano dele, como se desloca pela cidade e por que faz isso.

Em grupo

3. Compartilhem as pesquisas feitas individualmente e escolham uma cidade distante para representar, levando em conta o trânsito, os problemas que ela enfrenta e as possíveis soluções.

4. Façam novas pesquisas sobre o lugar escolhido.

↑ Jardim de trânsito em Barcelona, Espanha.

Segunda fase

Em grupo

1. Façam improvisações em que os personagens andem pela cidade selecionada e usem os meios de transporte que a caracterizam. Procurem definir o espaço das ruas, das casas, as faixas de pedestres, as praças e outros detalhes que podem aparecer na situação encenada. Tudo pode parecer muito tranquilo até que algo inesperado ocorra. Como as pessoas reagem? Quem pode descrever com mais detalhes o que aconteceu?

2. Planejem o acontecimento inesperado no trânsito e marquem encontros para escrever o texto.

3. Durante a escrita, combinem o momento de entrada do narrador ou narradores em cena. Para completar a encenação, investiguem o papel do narrador (aquele que explicará o que aconteceu no evento inesperado).

> **APOIO**
>
> **Regras para uso de bicicletas na Holanda**. *Holland.com*. O artigo comenta as regras utilizadas na Holanda, país onde mais se anda de bicicleta e até oferece carteira de habilitação para ciclista na infância. Disponível em: www.holland.com/br/turismo/informacoes/regras-para-uso-de-bicicletas-na-holanda.htm. Acesso em: 24 maio 2019.
>
> **Google Earth**: www.google.com/earth/. Página interativa que possibilita visitar cidades do mundo por meio de mapas, imagens de satélites e interação em 3-D.

ETAPA 3 RESPEITÁVEL PÚBLICO

> **Produto final**
> Encenação de teatro sobre o trânsito para a comunidade.

É chegada a hora de finalizar as propostas investigativas feitas pelos grupos e comunicá-las para um público mais amplo. Todas elas se relacionam ao tema geral do projeto e à questão do quadro **Direto ao ponto** (página 9).

Os produtos finais são momentos de troca e de compartilhamento, entre os alunos, do que foi aprendido durante o processo. É justamente a participação de cada aluno nas apresentações de todos os grupos que possibilita a compreensão do tema de forma mais ampla.

Neste projeto, as investigações das relações que o trânsito promove no espaço público, bem como a elaboração de cenas teatrais, contribuem para uma melhor compreensão do papel da arte e o exercício da cidadania.

Um exemplo de como mostrar a mudança de cena é usar cartazes para indicar momentos importantes ou a passagem do tempo.

Os grupos devem se reunir e apresentar as cenas, que podem ser interpretadas em sequência. Para isso, elaborem com cuidado a transição das cenas, como a troca de espaço entre um grupo e outro, e escolham a música ou os sons que ajudarão a compor o espetáculo.

Para a apresentação das cenas, caracterizem os personagens pelo figurino — roupas específicas para representar o papel. Utilizem adereços (chapéus, guarda-chuva, bengala, óculos, sacola de compras, maletas de trabalho, carrinho de bebê etc.), além de maquiagem e cabelo adequados.

No fim da apresentação, uma conversa com o público pode levantar questões sobre o tema e o processo de criação. O que o público percebeu durante a encenação?

BALANÇO FINAL

Avaliação coletiva

Em uma aula com os professores de Língua Portuguesa e Arte, toda a turma conversará sobre o desenvolvimento do projeto escolhido. Seguem algumas perguntas para nortear a conversa:

- O que foi aprendido com o projeto, tendo em vista o que vocês pesquisaram?
- Os produtos finais contribuíram para ampliar o conhecimento sobre o teatro e o trânsito nas cidades?
- Quais outras investigações poderiam ser realizadas futuramente?
- Como a resposta à questão norteadora foi desenvolvida?

Avaliação individual

Conclua a avaliação feita ao longo do projeto.

↑ Cartaz de propaganda dos automóveis da companhia francesa De Dion-Bouton, 1900.

Observe os cavalos e o automóvel ao centro, o que marca a passagem de um meio de transporte do passado para um novo e elegante, que garante certo prestígio. Muitas décadas se passaram e o desejo de possuir um carro ainda é comum. Entretanto, o trânsito intenso e a poluição nas cidades têm causado uma mudança de mentalidade e a valorização de meios de transporte menos impactantes, como as bicicletas. Ser uma pessoa moderna começa a ter outro significado.

PROJETO 2
Fazendo as contas da poluição do ar

A poluição é um fenômeno grave e crescente que afeta os ecossistemas e causa grandes danos à saúde dos seres vivos.

Nas grandes cidades, a concentração de poluentes na atmosfera é um dos principais problemas ambientais da atualidade, enquanto no meio rural queimadas poluem o ar com fumaça e fuligem. Ambas as situações prejudicam a saúde da população.

Esse cenário tem reflexos globais, uma vez que a queima de combustíveis intensifica o efeito estufa, que aumenta a temperatura média da atmosfera e afeta o clima do planeta. Enfrentar essa situação exige decisões difíceis dos governos de muitos países do mundo, que causam impacto na economia das nações.

Desse modo, somente utilizando dados numéricos confiáveis e conhecimentos científicos embasados em pesquisas é possível planejar metas e tomar atitudes adequadas para diminuir a gravidade desse problema.

DE OLHO NO TEMA

São Paulo é uma grande metrópole que abriga várias indústrias e nela vivem milhões de pessoas que se locomovem diariamente utilizando meios de transporte movidos a combustão. Como consequência, os níveis de poluentes atmosféricos podem atingir patamares preocupantes, como se observa neste registro feito em 17 de julho de 2018.

- A poluição do ar é um problema grave em várias cidades brasileiras; por isso, precisam ser feitos monitoramentos da qualidade do ar. Para medir o material particulado – um tipo específico de poluente atmosférico – é empregada a unidade de medida micrograma por metro cúbico (μg/m^3). Você já viu o uso dessa unidade em alguma situação?
- Você sabe quais poluentes do ar contribuem mais para as mudanças climáticas do planeta?
- Conhece alguns problemas de saúde relacionados à poluição atmosférica?

DIRETO AO PONTO

Como os conhecimentos de Matemática e de Ciências podem ajudar a encontrar soluções para a poluição do ar?

JUSTIFICATIVAS

- A poluição atmosférica, que se intensifica cada vez mais, causa mudanças climáticas e sérios danos à saúde do ser humano e dos outros seres vivos. Ações que diminuam a emissão de gases e partículas poluentes são, portanto, essenciais. Sistemas com tecnologia avançada medem com precisão a poluição do ar e têm auxiliado a ciência a aprofundar conhecimentos sobre a atmosfera.

OBJETIVOS

- Organizar informações básicas sobre poluição do ar, mudanças climáticas e seus efeitos à saúde do ser humano.
- Analisar e utilizar dados numéricos para compreender melhor a dimensão dos problemas ambientais.

QUAL É O PLANO?

Etapa 1 – Explorando o assunto

- Por dentro das informações
- Poluição atmosférica e saúde
- Brasil e efeito estufa em números

Etapa 2 – Fazendo acontecer

- **Proposta investigativa 1** – O delicado equilíbrio térmico da Terra
- **Proposta investigativa 2** – Aquecimento global e ilhas de calor
- **Proposta investigativa 3** – Concentração de poluentes e saúde

Etapa 3 – Respeitável público

- Organização dos resultados da pesquisa
- Preparação e apresentação do produto final

Balanço final

- Avaliação coletiva e individual.

Avaliação continuada: Vamos conversar sobre isso?

Chuva forte e alagamento em rua do Rio de Janeiro (RJ), 2019. Segundo pesquisadores, chuvas intensas serão mais frequentes no Sudeste brasileiro nos próximos anos.

ETAPA 1 — EXPLORANDO O ASSUNTO

Por dentro das informações

Causas e consequências dos níveis de poluição crescentes no planeta são citadas com frequência em matérias televisivas, de jornais e revistas impressos ou disponíveis na internet dada a relevância e atualidade do assunto. Diferentes aspectos desse tema são alvo de opiniões diversas e não é raro que sejam divulgadas informações sem embasamento ou com dados distorcidos. Por trás desse desvio de informações, há interesses econômicos e políticos. É essencial buscar fontes confiáveis que apresentem à população mais do que uma visão particular dos fatos, além de instrumentos para argumentação.

Leia atentamente a matéria a seguir. Ela comenta um relatório de pesquisa que relaciona poluição à mortalidade de brasileiros.

Poluição mata mais de 100 mil pessoas por ano no Brasil, diz relatório

A poluição matou 101 739 pessoas no Brasil em 2015, o que equivale a 7,49% do total de mortes no país durante o período.

Essa é a conclusão de um relatório publicado pela revista científica *The Lancet*.

De acordo com o estudo, a poluição do ar foi a grande vilã, sendo responsável pela maior parte dos óbitos (70 685). [...]

De acordo com o relatório, a poluição foi responsável por uma a cada seis mortes registradas em todo o mundo em 2015, totalizando cerca de 9 milhões de óbitos. A maior parte das mortes ocorreu em países de renda baixa e média, onde a poluição está associada a até 25% das mortes. [...]

"A poluição é muito mais do que um desafio ambiental; é uma ameaça profunda e generalizada que afeta muitos aspectos da saúde humana e do bem-estar", diz Philip Landrigan, da Escola Icahn de Medicina do Hospital Monte Sinai, em Nova York, um dos autores do estudo. [...]

"A poluição, a pobreza, a saúde e a injustiça social estão profundamente interligadas", afirma Karti Sandilya, da organização não governamental Pure Earth, também autor do estudo.

"A poluição ameaça os direitos humanos fundamentais, como o direito à vida, à saúde, ao bem-estar, ao trabalho seguro, bem como às proteções das crianças e dos mais vulneráveis", completa.

O estudo é resultado de um projeto de dois anos organizado pela *The Lancet* sobre os efeitos da poluição na saúde.

Katie Silver. Poluição mata mais de 100 mil pessoas por ano no Brasil, diz relatório. *BBC Brasil*, 20 out. 2017. Disponível em: www.bbc.com/portuguese/geral-41692503. Acesso em: 2 maio 2019.

> O problema da poluição do ar tende a ser mais grave em países pobres. Um dos motivos para isso é o fato de que muitas multinacionais de países ricos levaram suas empresas poluidoras para países em desenvolvimento porque nesses lugares os salários dos funcionários são menores e as leis ambientais são menos rígidas.

Estudantes se protegem do ar poluído em Nova Délhi, Índia, em novembro de 2017.

VAMOS APROFUNDAR

1. O impacto da poluição ambiental foi fatal para um número considerável de brasileiros: 101 739 pessoas em 2015. Quando observamos os dados do mundo todo, os números são ainda mais assustadores: 9 milhões de óbitos. Qual é a porcentagem de mortes de brasileiros por poluição em relação ao mundo todo?

2. Ainda segundo o estudo, o ar poluído foi o grande vilão das mortes por poluição tanto no Brasil quanto no restante do mundo. Apresente argumentos com dados numéricos para justificar essa afirmação.

3. Examine o seguinte caso: Janaína mora na periferia de uma grande metrópole, em um bairro humilde. Ela leva duas horas no trânsito para chegar ao trabalho, no centro da cidade. Depois, são mais duas horas para voltar.
   a) Janaína é muito ou pouco afetada pela poluição atmosférica?
   b) Em quais aspectos pessoas que vivem em condições similares às de Janaína são prejudicadas?

Quantificando o muito pequeno

Os principais poluentes atmosféricos são os gases SO_2 (dióxido de enxofre), CO (monóxido de carbono), NO_2 (dióxido de nitrogênio), O_3 (ozônio) e partículas de diferentes tamanhos e composições químicas.

Apesar de pouco citado, um dos mais nocivos poluentes é o **material particulado (MP)**, constituído de poeira, fuligem ou qualquer outro material muito pequeno que fica em suspensão no ar. A queima de combustíveis fósseis (derivados de petróleo ou carvão mineral) por veículos (caminhões, carros, motos) ou indústrias é a principal fonte de material particulado.

MP_{10} é a denominação das partículas com tamanho inferior a um sétimo da espessura média do fio de cabelo. Esses pequeníssimos materiais entram facilmente em nosso sistema respiratório e passam para o sangue.

No Brasil, o limite de MP_{10} na atmosfera considerado seguro para o ser humano é 150 microgramas por metro cúbico de ar (média diária). Já para a Organização Mundial da Saúde (OMS), o limite estabelecido como padrão de qualidade para a saúde pública é de apenas 20 microgramas por metro cúbico. De acordo com esses dados, o padrão usado no Brasil causa 5% mais mortes do que o limite estabelecido pela OMS.

O material particulado é um problema não só em áreas altamente urbanizadas. As queimadas no interior do país despejam toneladas desse poluente no ar anualmente, o que compromete a saúde da população.

→ Trabalhador queima canavial para facilitar colheita em Rio Tinto (PB).

A unidade de medida usada para expressar a concentração de material particulado é **micrograma por metro cúbico** (μg/m³). Micrograma é uma unidade de massa, enquanto o metro cúbico é uma unidade de volume.

Critérios de classificação do MP₁₀ no Índice de Qualidade do Ar (IQA)		
Qualidade	Índice MP₁₀ (μg/m³)	Significado
boa	0 – 50	Praticamente não há risco à saúde.
regular	51 – 100	Indivíduos de grupos sensíveis (crianças, idosos e pessoas com doenças respiratórias e cardíacas) podem apresentar sintomas como tosse seca e cansaço. O restante da população, em geral, não é afetado.
inadequada	101 – 199	Toda a população pode apresentar sintomas como tosse seca, cansaço, ardor nos olhos, nariz e garganta. Indivíduos de grupos sensíveis (crianças, idosos e pessoas com doenças respiratórias e cardíacas) sofrem mais os efeitos prejudiciais à saúde.
má	200 – 299	Toda a população pode sofrer agravamento dos sintomas de tosse seca, cansaço, ardor nos olhos, nariz e garganta, além de falta de ar e respiração ofegante. Efeitos ainda mais prejudiciais à saúde em grupos sensíveis (crianças, idosos e pessoas com doenças respiratórias e cardíacas).
péssima	≥ 300	Toda a população pode manifestar doenças respiratórias e cardiovasculares. Aumento de mortes prematuras em pessoas de grupos sensíveis.

Fonte: Relatório Monitorar-Rio – Programa de Monitoramento do Município do Rio de Janeiro, 2012. In: Eduardo Monteiro Martins et al. Poluição do ar por material particulado em área intraurbana no Rio de Janeiro: aspectos metodológicos. *Revista Eletrônica de Engenharia Civil*, v. 10, n. 3, p. 58, 2015. Disponível em: www.revistas.ufg.br/reec/article/viewFile/32901/19497. Acesso em: 30 maio 2019.

VAMOS APROFUNDAR

1. Qual é o limite estabelecido pelo Brasil como aceitável para o material particulado? E qual foi o limite estabelecido pela OMS?

2. Explique a relação entre **micrograma (μg)** e **grama (g)**.

3. Qual é a relação entre as medidas de volume **metro cúbico (m³)** e **litro (L)**?

4. De acordo com levantamento da OMS, em 2016, o ar poluído causou a morte de 4,2 milhões de pessoas no mundo. Esse número parece pequeno para você? Como se escreve 4,2 milhões no sistema decimal posicional, com todos os algarismos? 4,2 milhões é número natural ou número não natural? Justifique sua resposta.

5. Quais são as principais fontes poluentes que afetam a qualidade do ar nas grandes cidades?

6. De acordo com o quadro desta página, qual é o sintoma esperado quando o ar atinge o limite de MP₁₀ de 150 μg/m³, que é considerado seguro no Brasil? E ainda de acordo com o quadro, quais seriam os efeitos para a saúde se fosse seguido o limite estabelecido pela OMS?

APOIO

Conversa Periódica, Química na atmosfera – Os poluentes atmosféricos. *CCEAD PUC-Rio*, 28 out. 2010, 9min52. O vídeo mostra, de forma didática, como os poluentes despejados no ar afetam a saúde da população. Disponível em: https://youtu.be/sCgdY3Xx-Gw. Acesso em: 30 maio 2019.

Poluição atmosférica e saúde

Vamos explorar mais a relação entre poluição atmosférica e saúde. Junte-se a um colega para formar uma dupla e, juntos, analisem as informações a seguir, que apresentam os efeitos de poluentes no corpo humano.

Ao optar pelo carro em vez do ônibus, uma pessoa contribui com 45 vezes mais emissões de dióxido de carbono na atmosfera (gás que contribui para o aquecimento do planeta) e 30 vezes mais de monóxido de carbono (gás tóxico e poluente). Sem contar o aumento de uma vez e meia de óxido de nitrogênio e o triplo de material particulado, que afetam os pulmões e provocam danos à saúde. [...]

Bruno Felin. Qual o impacto da poluição do ar na saúde? *WRI Brasil*, 27 jul. 2018. Disponível em: https://wribrasil.org.br/pt/blog/2018/07/qual-o-impacto-da-poluicao-do-ar-na-saude. Acesso em: 30 maio 2019.

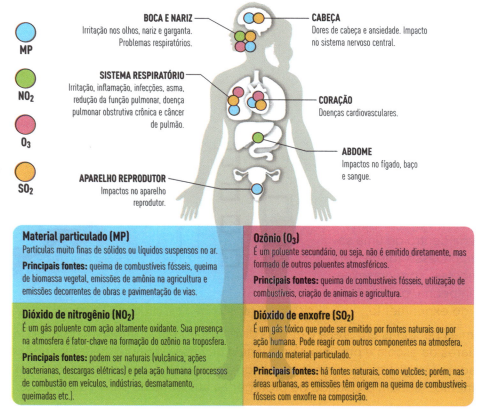

Fonte: Bruno Felin. Qual o impacto da poluição do ar na saúde? *WRI Brasil*, 27 jul. 2018. Disponível em: https://wribrasil.org.br/pt/blog/2018/07/qual-o-impacto-da-poluicao-do-ar-na-saude. Acesso em: 30 maio 2019.

1. De acordo com as informações do texto e do infográfico, quais doenças podem ser combatidas com a redução do uso do automóvel individual?

2. Entre os poluentes citados, qual prejudica a maior quantidade de órgãos?

3. A fauna e a flora são amplamente afetadas pela poluição atmosférica. Apesar disso, considerando apenas as informações apresentadas aqui, você acredita que animais de estimação também podem sofrer os efeitos nocivos da poluição? Desenvolva uma hipótese a esse respeito.

A presença dos materiais particulados

Façam o experimento a seguir para verificar a presença de partículas suspensas no ar (MP) em locais predeterminados.

Material:

- 5 bandejas brancas de isopor (reutilizem bandejas que tenham em casa);
- vaselina sólida incolor;
- caneta hidrográfica;
- 1 sacola plástica;
- lupa (opcional).

Procedimento

1. Escrevam números de 1 a 5 no verso de cada bandeja.
2. Passem uma fina camada de vaselina nas bandejas.
3. Reservem uma das bandejas e coloquem-na dentro de uma sacola plástica. Dessa forma, das cinco bandejas com vaselina, uma desempenha o papel de "controle" do experimento.

↑ Coloque cada bandeja em um local diferente.

4. Acomodem as bandejas em áreas externas diversas: no pátio, próximo à rua, no jardim, em diferentes andares da escola e próximo a uma janela de casa — quanto mais variados os lugares, melhor. No caderno, registrem o número da bandeja acomodada em cada espaço e a data do início do experimento. Tenham o cuidado de proteger as amostras da chuva e do vento.
5. Recolham as bandejas uma semana depois.
6. Examinem cada uma delas, comparando os resultados das bandejas nos diferentes espaços com a bandeja "controle". Registrem suas observações.

Reflita e registre

1. Como o material particulado (MP) se concentrou nas bandejas dos diferentes espaços e na bandeja "controle"?
2. Há uma explicação para essa diferença?
3. O experimento ajuda a entender que em alguns espaços ocorrem mais problemas de saúde decorrentes da poluição? Explique.

Efeitos da chuva ácida

O dióxido de enxofre (SO_2) e os óxidos de nitrogênio (NO e NO_2) em contato com as gotículas de água (H_2O) que compõem as nuvens desencadeiam a formação de ácido sulfúrico (H_2SO_4) e ácido nítrico (HNO_3). As nuvens deslocam-se pela ação dos ventos por dezenas ou centenas de quilômetros e formam chuvas sobre regiões às vezes muito distantes da fonte poluidora. Os ácidos dissolvem-se nas gotas de chuva, produzem neblinas e chuvas ácidas que aumentam a acidez dos rios, lagos e do solo.

Com os dois experimentos a seguir, é possível verificar alguns efeitos da chuva ácida.

Experimento 1

A casca de ovo de galinha é formada por substâncias também encontradas no mármore de estátuas e monumentos, como o carbonato de cálcio ($CaCO_3$). Sigam as instruções para ter ideia do efeito que uma solução ácida pode causar em ovos de animais, monumentos e outros materiais que contêm $CaCO_3$.

Material:

- 2 ovos de galinha frescos;
- 2 copos de vidro transparente;
- vinagre;
- água;
- papel-filme.

Procedimento

1. Encham um copo com água e o outro com vinagre. Em cada um, submerjam um ovo de galinha.
2. Vedem os copos com papel-filme.
3. Ao longo de uma semana, observem os dois copos e registrem eventuais diferenças que vocês identifiquem.
4. Ao fim de uma semana, esvaziem os copos e verifiquem a casca dos dois ovos.

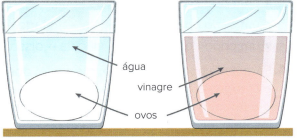

> ### Reflita e registre
>
>
>
> 1. Como explicar a transformação observada?
> 2. O que acontece com monumentos de mármore expostos à chuva ácida?
> 3. As conchas de muitos animais marinhos, como ostras e mexilhões, também têm carbonato de cálcio em sua composição. Por que as populações desses animais têm diminuído?

Experimento 2

O próximo experimento dá uma ideia dos efeitos da chuva ácida na vegetação.

Material:

- sementes de alpiste, alfafa e feijão;
- 12 copos descartáveis;
- colher;
- terra vegetal;
- vinagre;
- água;
- caneta hidrográfica;
- giz em pó.

Procedimento

1. Coloquem terra vegetal até 2 cm da borda em nove copos descartáveis: esses serão os recipientes para as sementes.

2. Plantem as sementes de alpiste em três recipientes, colocando de duas a três sementes em cada copo, cobertas de terra. Procedam da mesma maneira com as sementes de alfafa e de feijão.

3. Preparem três copos descartáveis:
   - um copo contendo apenas água;
   - um copo com solução ácida – metade água e metade vinagre;
   - um copo com solução antiácida – dissolva uma colher de sopa de pó de giz em água.

4. Para cada tipo de semente, regue um dos recipientes com uma das soluções líquidas. Por exemplo: regue o primeiro recipiente de alpiste com água, o segundo com vinagre misturado com água e o terceiro com pó de giz dissolvido em água. Repita a operação com as outras duas sementes (alfafa e feijão). Escreva em cada copo qual líquido é regado.

5. Observe a germinação das sementes por duas a três semanas e faça anotações sobre o que ocorre em cada copo. Ao final desse período, responda às perguntas a seguir.

Reflita e registre

1. Que sementes germinaram melhor?
2. Por que são necessários tantos copos?

Brasil e efeito estufa em números

É o delicado equilíbrio térmico entre o calor que aquece a Terra e o calor que é dissipado para fora da atmosfera que mantém nosso planeta com temperaturas adequadas à vida. Por causa desse equilíbrio, o planeta permanece aquecido mesmo na face que não está iluminada pelo Sol.

O que mantém o calor constante são certos gases na atmosfera que agem como o vidro das estufas; por isso, esse fenômeno é conhecido como **efeito estufa**. São eles: vapor de água, dióxido de carbono, metano, ozônio, óxido nitroso e clorofluorcarbonetos (CFCs).

Com o aumento do uso de combustíveis fósseis nos meios de transporte e na atividade industrial no último século e a prática de queimadas na agricultura e em desmatamentos das florestas, os gases de efeito estufa têm se concentrado em quantidade muito maior se compararmos com a concentração encontrada na natureza. Isso aquece toda a atmosfera, com consequências graves tanto para a saúde humana como para o ambiente.

Principais emissores de gases estufa – 2012

Mianmar/Birmânia 528 416
Bolívia 621 727
México 663 425
Coreia do Sul 668 990
Austrália 761 686
República Centro-Africana 515 134
Estados Unidos 6 343 841
Indonésia 780 551
União Europeia 4 702 090
Sudão 491 982
China 12 454 711
República Democrática do Congo 802 271
Turquia 445 640
Índia 3 002 895
Tailândia 440 412
Brasil 2 989 418
Canadá 1 027 064
Ucrânia 404 900
Rússia 2 803 398
Japão 1 478 859

Fonte: Parlamento Europeu. Disponível em: www.europarl.europa.eu/news/pt/headlines/society/20180301STO98928/emissoes-de-gases-com-efeito-de-estufa-por-pais-e-setor-infografia. Acesso em: 30 maio 2019.

Observe o infográfico acima, com dados de 2012 dos principais países emissores de gases promotores do efeito estufa. A unidade de medida das emissões é dada em **quilotoneladas de CO_2 equivalente**.

A unidade de medida CO_2 equivalente é usada para comparar as emissões de vários gases de efeito estufa (GEE) com base no potencial de aquecimento global de cada um, de acordo com o Painel Intergovernamental sobre Mudanças Climáticas (IPCC, sigla em inglês).

Nessa medição, contabiliza-se a emissão de CO_2 por queima de combustíveis, desmatamento de florestas e queimadas e na agricultura.

1. De acordo com as informações do texto, os gases de efeito estufa são benéficos ou perigosos para a vida no planeta?

2. Que lugar o Brasil ocupa no infográfico?

3. De modo aproximado, qual é a relação comparativa entre a China e o Brasil em emissão de gases de efeito estufa? Explique usando fração.

4. Faça a mesma relação do item 3, mas entre Brasil e Canadá. Depois, reflita sobre a seguinte questão: O Canadá é um país de grande extensão territorial e mais industrializado do que o Brasil. O que pode explicar a menor emissão de gases de efeito estufa dessa nação em comparação com a nossa?

Consequências do aquecimento global

O aquecimento global, decorrente da intensificação do efeito estufa, é a alteração mais marcante do clima terrestre nas últimas décadas.

Em 2016, foi constatado o aumento de 1,02 °C na temperatura média da Terra em relação ao início da Revolução Industrial, no final do século XVIII, quando começaram as medições. Foi a primeira vez que se rompeu o patamar de 1 °C de aumento na sequência de medições. Apenas o aumento do CO_2 é responsável por 40% do aquecimento da Terra.

Os cientistas preveem que, se o aumento da temperatura global chegar a 2 °C, perderemos o controle sobre o meio ambiente.

↑ Reunião de abertura da Cúpula do Clima, coordenada pela ONU, em Nova York (EUA), 2014.

Cientistas e chefes de Estado participam de encontros periodicamente para discutir dados desse fenômeno climático e possíveis soluções.

Quinto relatório do IPCC mostra intensificação das mudanças climáticas

Caso as emissões de gases de efeito estufa continuem crescendo às atuais taxas ao longo dos próximos anos, a temperatura do planeta poderá aumentar até 4,8 graus Celsius neste século – o que poderá resultar em uma elevação de até 82 centímetros no nível do mar e causar danos importantes na maior parte das regiões costeiras do globo. [...]

O cenário mais otimista prevê [...] que o aumento da temperatura terrestre poderia variar entre 0,3 °C e 1,7 °C de 2010 até 2100 e o nível do mar poderia subir entre 26 e 55 centímetros ao longo deste século. [...]

"O nível dos oceanos já subiu em média 20 centímetros entre 1900 e 2012. Se subir outros 60 centímetros, com as marés, o resultado será uma forte erosão nas áreas costeiras de todo o mundo. Rios como o Amazonas, por exemplo, sofrerão forte refluxo de água salgada, o que afeta todo o ecossistema local", disse [Paulo] Artaxo. [...]

Na avaliação do IPCC, muitos aspectos da mudança climática vão persistir durante muitos séculos mesmo se as emissões de gases-estufa cessarem. [...]

Para o pesquisador, a medida mais urgente é a redução das emissões de gases de efeito estufa – compromisso que tem de ser assumido por todas as nações. "A consciência de que todos habitamos o mesmo barco é muito forte hoje, mas ainda não há mecanismos de governabilidade global para fazer esse barco andar na direção certa. Isso terá que ser construído pela nossa geração", concluiu.

Karina Toledo. Quinto relatório do IPCC mostra intensificação das mudanças climáticas. *Painel Brasileiro de Mudanças Climáticas (PBMC)*. Disponível em: www.pbmc.coppe.ufrj.br/pt/noticias/373-quinto-relatorio-do-ipcc-mostra-intensificacao-das-mudancas-climaticas. Acesso em: 2 jun. 2019.

1. O aumento da quantidade de gases de efeito estufa (GEE) na atmosfera traz sérias consequências ao planeta. Faça uma pesquisa a respeito desse tema e se aprofunde nos seguintes tópicos: derretimento de geleiras, elevação do nível dos oceanos e riscos a cidades litorâneas; desertificação do solo; aumento de incêndios florestais; extinção de espécies; aumento de tempestades tropicais e ciclones (tufões, furacões). Registre suas descobertas.

ETAPA 2 — FAZENDO ACONTECER

Com base nos textos apresentados, vimos que o impacto da poluição tem consequências para a saúde, pode ser fatal para grande número de pessoas e causar sérios danos ao ambiente, afetando várias outras espécies. Os dados numéricos dimensionam a gravidade da situação.

> Como os conhecimentos de Matemática e de Ciências podem ajudar a encontrar soluções para a poluição do ar?

Diante dos conhecimentos que você adquiriu até o momento, formule uma resposta para a questão norteadora deste projeto.

Orientações gerais

Para aprofundar nossa investigação, a turma deve se organizar em grupos e cada grupo irá escolher uma das propostas investigativas descritas nas páginas a seguir.

Individualmente

1. O trabalho individual pode ser feito com pesquisa do tema na internet, em jornais, revistas ou livros.
2. Na internet, examine diferentes *sites*, leia atentamente as informações apresentadas, selecione apenas o que julgar mais importante e significativo sobre o tema. É importante buscar em fontes confiáveis, com referências bibliográficas.
3. Nos jornais e nas revistas, estude o artigo escolhido e depois resuma o assunto geral em poucas palavras, a fim de poder localizar no texto as informações essenciais.
4. É importante combinar com o grupo qual será seu foco na pesquisa, porque o resultado se constrói com base no trabalho de cada participante.

Em grupo

5. Todos os alunos podem consultar os textos e as atividades apresentadas nas propostas e selecionar as informações mais relevantes.
6. Em seguida, o grupo deve reunir as informações selecionadas durante todo o projeto e as pesquisas individuais, com o objetivo de preparar um texto final sobre o tema escolhido.

← A biblioteca é um bom lugar para fazer pesquisas e trabalhar em grupo.

PROPOSTA INVESTIGATIVA 1

O DELICADO EQUILÍBRIO TÉRMICO DA TERRA

Metas

- Aprofundar conhecimentos sobre gases de efeito estufa.
- Identificar propostas para diminuir emissões desses gases.

Primeira fase

Em dupla

Os GEE absorvem uma parte dos raios solares e os redistribuem em forma de calor pela atmosfera, aquecendo o planeta. Atualmente, cerca de 30 gases causam o efeito estufa terrestre decorrente de atividades humanas. Observem na tabela a seguir os principais gases e o percentual de cada um na composição do efeito estufa.

Esquema simplificado das camadas da atmosfera da Terra.

Fonte: *Enciclopédia do estudante: da Geologia à exploração do Espaço*. São Paulo: Moderna, 2008. p. 27.

1. Indiquem as fórmulas químicas que faltam na tabela a seguir.

Principais gases de efeito estufa (GEE) produzidos por atividades humanas – 2017		
Gases	Fórmula	Taxa percentual
dióxido de carbono		65,0%
metano		16,8%
clorofluorcarbonetos		7,0%
óxido nitroso		6,3%
outros	–	4,9%

Fonte: *Climate.gov*. Disponível em: www.climate.gov/sites/default/files/aggi_stackedarea_1979-2017_lrg.jpg. Acesso em: 3 jun. 2019.

2. Elaborem um gráfico de setores para representar as taxas percentuais indicadas.

3. Analisem o gráfico que elaboraram e respondam: O que vocês podem afirmar em relação à participação do CO_2? E à dos outros gases?

Individualmente

1. Pesquise em livros, revistas ou na internet os itens a seguir.

   a) A causa do aumento do dióxido de carbono na atmosfera.

   b) A origem do metano e do óxido nitroso na troposfera (camada da atmosfera mais próxima do solo) e a origem dos clorofluorcarbonetos na estratosfera (camada seguinte à troposfera).

   c) Um exemplo dos "outros" gases citados na tabela.

   d) Principais atividades que emitem gases de efeito estufa no Brasil.

APOIO

Os textos a seguir podem ser consultados para auxiliar nas pesquisas.

Proibição de CFCs diminuiu aquecimento global, diz estudo, de Vanessa Daraya. *Exame*, 12 nov. 2013. Disponível em: https://exame.abril.com.br/tecnologia/proibicao-de-cfcs-diminuiu-aquecimento-global-diz-estudo. Acesso em: 3 jun. 2019.

Ozônio troposférico – Bioindicador vegetal para ozônio troposférico. *Cetesb*. Disponível em: https://cetesb.sp.gov.br/solo/biomonitoramento/ozonio-troposferico. Acesso em: 4 jun. 2019.

Ozônio troposférico – efeitos na saúde e no meio ambiente e diretrizes na região metropolitana de Belo Horizonte, de Mariana Antunes Pimenta. *UFMG*, 2010. Disponível em: www.bibliotecadigital.ufmg.br/dspace/bitstream/handle/1843/BUOS-9AYH93/monografia_mariana_antunes_pimenta.pdf?sequence=1. Acesso em: 3 jun. 2019.

Segunda fase
Em grupo

Reúna-se com seu grupo e discutam os tópicos a seguir.

1. O que aconteceria com a Terra se os gases-estufa não existissem na atmosfera?

2. O efeito estufa natural é condição necessária para manter a vida na Terra. Por que atualmente esse fenômeno passou a ser um problema?

3. Por que o CO_2 não é considerado poluente?

4. Analisando as informações dos textos anteriores e as pesquisas de vocês, o que podem afirmar a respeito da preocupação com o aquecimento global?

5. Os seres humanos, principalmente os que residem em zonas urbanas, são responsáveis pela emissão de uma parcela de dióxido de carbono para a atmosfera, pois consumimos produtos industrializados e utilizamos veículos movidos por combustíveis fósseis. O que podemos fazer para diminuir o efeito estufa, principalmente em relação às pessoas do nosso entorno?

6. Organizem uma síntese do percurso de investigação, escrevendo o que aprenderam do equilíbrio térmico do planeta, os GEE e as mudanças climáticas. Incluam as preocupações de todos com os fatos estudados e as sugestões de iniciativas pessoais para atenuar os efeitos no ambiente onde vivem.

7. Preparem uma apresentação usando gráfico, textos e imagens em cartolinas ou *slides* para divulgar os conhecimentos adquiridos.

↑ O verão de 2018 foi considerado o quarto mais quente no Hemisfério Norte até aquela data. Os outros três mais quentes foram justamente os dos anos anteriores. Incêndios destruidores alastraram-se pelo estado da Califórnia (EUA) e em vários pontos do planeta ocorreram tempestades, inundações e mortes causadas pelo calor extremo. Estudos associam esses fatos ao aquecimento global.

↑ Naquele verão, as construções de concreto tornaram-se muito quentes em várias cidades indianas. Por isso, muitas pessoas dormiram fora de casa, como se observa nessa fotografia em Délhi, Índia.

PROPOSTA INVESTIGATIVA 2
AQUECIMENTO GLOBAL E ILHAS DE CALOR

> **Metas**
> - Analisar o aumento da temperatura média da Terra e suas consequências.
> - Relacionar a ocupação do espaço urbano com o calor nas grandes cidades.

Primeira fase
Em dupla

O relatório de 2017 do Painel Intergovernamental sobre Mudanças Climáticas (IPCC) indicou que o aumento da temperatura no Brasil, até 2100, será entre 1 °C e 6 °C. A consequência prevista é a diminuição significativa de chuvas em grande parte das regiões Centro-Oeste, Norte e Nordeste e o aumento de precipitações intensas nas regiões Sul e Sudeste, intercaladas com períodos de seca.

Apenas um grau a mais na temperatura média da atmosfera é suficiente para derreter grande parte das geleiras que cobrem os polos.

Observe o gráfico. As temperaturas médias globais têm a precisão de milésimos de grau Celsius.

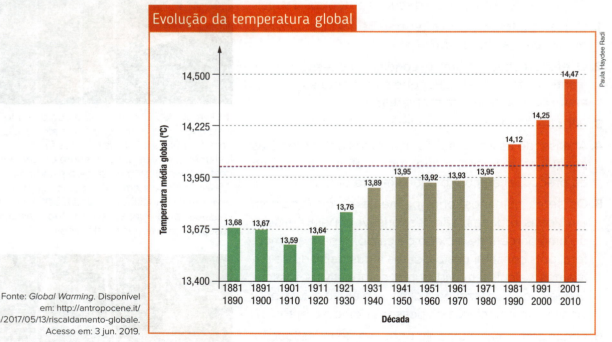

Fonte: *Global Warming*. Disponível em: http://antropocene.it/en/2017/05/13/riscaldamento-globale. Acesso em: 3 jun. 2019.

1. Qual foi o aumento da temperatura média global em dez décadas (cem anos), por exemplo, entre 1891-1900 e 1981-1990? E entre 1911-1920 e 2001-2010? Comparem.

2. O que se pode esperar para os próximos cem anos caso o aumento da temperatura média prossiga na mesma evolução indicada no gráfico?

3. Vocês consideram que o aumento médio de 1 °C é preocupante? Por quê? Lembrem-se de que a temperatura de fusão do gelo é 0 °C e que, a 1 °C, a água já está líquida.

Agora, leiam o artigo a seguir a respeito da formação de ilhas de calor.

URBANISMO

O calor das cidades

Pesquisas procuram definir padrões para proteger os moradores das grandes cidades dos efeitos das altas temperaturas

Trânsito em Goiânia (GO), 2018. A quantidade de carros nas vias públicas aumenta ano a ano no Brasil. Assim, imenso volume de gases poluentes é liberado no ambiente. Com isso, o fenômeno do efeito estufa se agrava e as temperaturas se elevam localmente.

Com os sucessivos recordes de temperatura registrados nos últimos anos, o morador das grandes cidades é um dos primeiros a sentir os efeitos do clima mais quente agravado pelas "ilhas de calor", fenômeno que ocorre principalmente nas metrópoles. A concentração de asfalto e concreto, poucas áreas verdes e excesso de poluição atmosférica favorecem a elevação da temperatura. Como consequência, os trabalhos de planejamento urbano passaram a enfrentar o desafio de promover o conforto ambiental. No espaço público, as maiores aliadas são as árvores. Debaixo de uma árvore de grande porte e copa densa, a sensação térmica é muito mais baixa que poucos metros adiante: mesmo que a temperatura medida no ar seja apenas 1 ou 2 graus Celsius (°C) mais baixa, dependendo das interações solo-superfície-atmosfera, uma pessoa experimenta o frescor de cerca de 10 a 13 °C a menos sob a árvore. Em dias de calor, a diferença pode chegar a 20 °C. O Laboratório de Conforto Ambiental e Eficiência Energética (Labaut) do Departamento de Tecnologia da Faculdade de Arquitetura e Urbanismo da Universidade de São Paulo (FAU-USP) desenvolve projetos que tentam entender as complexas relações climáticas nas cidades e procuram formas de tornar a vida mais confortável do ponto de vista ambiental.

"Árvores são fontes de amenidade que fazem uma diferença enorme em termos de temperatura, umidade, vento e luz", afirma a engenheira Denise Duarte, coordenadora do Labaut e docente da FAU. No entanto, o efeito de um parque, uma praça ou mesmo uma avenida bem arborizada é apenas local. Quem se encontra nas construções imediatamente vizinhas experimenta certo alívio térmico, mas alguns pavimentos acima ou [em] uma rua mais adiante as condições já não são iguais. Denise recomenda que o planejamento e o desenho urbano considerem uma "rede de infraestrutura verde", com vias arborizadas, que conecte a cobertura vegetal aos demais espaços públicos da cidade. [...]

A expressão conforto ambiental designa o estado em que alguém consegue satisfatoriamente se adaptar às condições térmicas, luminosas, sonoras e ergonômicas. Nos projetos de edifícios, o conforto ambiental é levado em conta quando se pensa em eficiência energética e exposição ao sol e ao vento. Nas áreas abertas, o problema é mais complexo. Exige a convergência de diversos campos de conhecimento, como meteorologia – em particular a biometeorologia –, geografia, arquitetura e engenharia. [...]

A pesquisa em áreas externas exige um trabalhoso processo de medição que envolve diversos tipos de equipamento e em grande quantidade. Os pesquisadores são unânimes em lamentar que as cidades brasileiras não disponham de uma quantidade maior de estações meteorológicas. [...]

A perspectiva da continuidade é importante. "O que falta é um planejamento que crie uma sucessão de espaços arborizados, como oásis urbanos, para que os deslocamentos sejam mais confortáveis", indica a pesquisadora. A cobertura vegetal, com boa ventilação natural e equilíbrio satisfatório entre espaços sombreados e ensolarados, é o fator principal para o alívio térmico, podendo ser complementada por pergolados (estruturas que dão sustento a trepadeiras) e pela presença de cursos ou espelhos-d'água.

Diego Viana. O calor das cidades. *Pesquisa Fapesp*, ed. 246, p. 84-87, ago. 2016. Disponível em: http://revistapesquisa.fapesp.br/2016/08/19/o-calor-das-cidades/. Acesso em: 3 jun. 2019.

Individualmente

1. Pesquise vídeos e artigos na internet, em jornais e revistas que abordem o problema do aquecimento da atmosfera e apresente as soluções que estão em discussão na sua região, no Brasil e no mundo. Anote os dados levantados e selecione material para a pesquisa do grupo.

2. Prepare um resumo das principais consequências previstas relacionadas ao aquecimento global e às medidas propostas para a diminuição do problema no mundo.

> **APOIO**
>
> **Soluções para o aquecimento global**. *ONU Brasil*, 13 jun. 2018, 2min59. O vídeo mostra que investir em cobertura verde é uma das melhores formas de ajudar a combater o aquecimento global. Disponível em: https://nacoesunidas.org/onu-florestas-e-agricultura-sao-parte-da-solucao-contra-crise-climatica-video. Acesso em: 3 jun. 2019.

Segunda fase
Em grupo

Observem na imagem a seguir como a ilha de calor é identificada em um mapa que indica as temperaturas em um dia quente na cidade de São Paulo (SP).

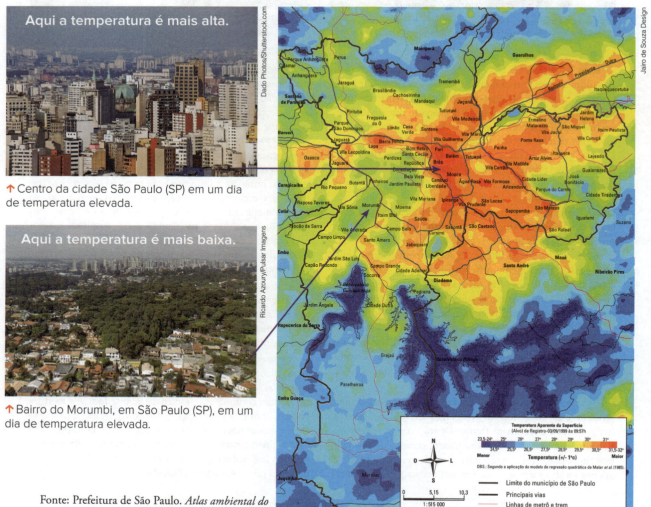

↑ Centro da cidade São Paulo (SP) em um dia de temperatura elevada.

↑ Bairro do Morumbi, em São Paulo (SP), em um dia de temperatura elevada.

Fonte: Prefeitura de São Paulo. *Atlas ambiental do município de São Paulo*, 2002. Observações feitas em 3 de setembro de 1999, às 9h57min.

1. De acordo com as informações do texto e os dados levantados nas pesquisas individuais, reflitam: Como evitar ilhas de calor nas cidades? Quais elementos devem compor um "oásis" para aumentar o conforto ambiental?
2. Com base nos estudos anteriores e no conteúdo do artigo sobre as ilhas de calor, desenvolvam um projeto com o objetivo de promover conforto ambiental em um espaço do bairro ou da cidade onde vocês moram.
3. Façam estimativas de quantos graus a temperatura pode baixar e quanto a umidade pode aumentar caso o projeto em questão seja implementado.
4. Relacionem o aquecimento global ao local.
5. Desenhem plantas ou projetos arquitetônicos com os elementos necessários para tornar esse espaço diferente. Vocês podem selecionar algum dos desenhos como base para fazer uma maquete e apresentá-la ao final do projeto junto com os materiais preparados na primeira fase.
6. Com o objetivo de complementar a exposição da maquete, apresentem gráficos, textos e imagens utilizando cartolinas ou *slides* para divulgar os conhecimentos adquiridos.

> **APOIO**
>
> **Arborização urbana do município de Itapira (SP): perspectivas para educação ambiental e sua influência no conforto térmico**, de Anderson Martelli e Arnaldo Rodrigues Santos Jr. *Revista Eletrônica em Gestão, Educação e Tecnologia Ambiental*, maio-ago. 2015. Esse artigo aborda a diminuição da temperatura como resultado da arborização. Disponível em: https://periodicos.ufsm.br/reget/article/download/15968/pdf. Acesso em: 4 jun. 2019.

Debaixo de uma árvore de grande porte e copa densa, a sensação térmica é muito menor.

Pessoas conversam à sombra de árvore no Parque Nova Potycabana, Teresina (PI).

Áreas urbanas desprovidas de cobertura vegetal divergem de áreas mais arborizadas em relação à temperatura, à umidade, ao vento e à luz, e são ambientes perigosos à saúde.

Pessoas tentam se proteger do Sol e do calor em Piaçabuçu (AL).

PROPOSTA INVESTIGATIVA 3
CONCENTRAÇÃO DE POLUENTES E SAÚDE

Metas
- Compreender o significado da unidade partes por milhão (ppm) na análise da concentração de monóxido de carbono na atmosfera.
- Identificar os problemas de saúde causados pelo monóxido de carbono e por material particulado.

Primeira fase
Em dupla

Muitas pessoas que passam o dia onde há trânsito intenso de veículos se queixam de dores de cabeça. Um dos responsáveis por esse sintoma é o monóxido de carbono, que também pode causar outros problemas, como mostra a tabela.

Fonte: Sindicato dos Técnicos de Segurança do Trabalho do Estado do Rio Grande do Sul. Disponível em: <www.sinditestrs.org.br/noticias/noticia.php?id=378>. Acesso em: 25 jun. 2019.

O gás monóxido de carbono é medido pela unidade ppm, que significa "partes por milhão".

Como alguns componentes são encontrados em quantidades muito pequenas no ar atmosférico, não é adequado indicá-los com porcentagem. Por isso é comum a utilização da unidade **ppm**, que aqui significa quantas partes de um componente são encontradas em um milhão de partes da mistura.

O dióxido de carbono, por exemplo, representa 0,0314% do ar atmosférico. Sabemos, então, que há 0,0314 litro de CO_2 em 100 partes de ar, isto é, em 100 litros. Dito de outra forma: há 314 litros de CO_2 em um milhão de litros de ar, ou seja, 314 ppm.

1. Pesquisem como o CO pode causar tontura e até a morte.

2. Nos túneis, normalmente há sistemas de ventilação, mas, quando ocorrem congestionamentos dentro deles, o que se recomenda aos motoristas? Por quê?

3. Pesquisem de que modo os catalisadores dos carros, um equipamento obrigatório no Brasil desde 1997, diminuiu a emissão de CO no ar.

4. Organizem um resumo a respeito da unidade ppm e dos efeitos do CO para nossa saúde.

Segunda fase
Em grupo

Vamos analisar o material particulado e sua relação com a saúde.

As partículas em suspensão no ar compõem fumaças, neblinas, **aerossóis** ou fuligem. Essas partículas podem ser de tamanhos variados. Pólen de plantas, poeira do solo, entre outros materiais, têm entre 10 μm e 50 μm (micrômetros). Partículas com tamanho entre 2,5 μm e 10 μm são chamadas MP_{10}. Caso sejam menores ou iguais a 2,5 μm, são as $MP_{2,5}$.

> **GLOSSÁRIO**
>
> **Aerossol:** suspensão de partículas sólidas ou líquidas em um gás.

A China é uma potência industrial e seus níveis de desenvolvimento econômico são impressionantes. Mas um preço pago pela população é a grande quantidade de poluentes na atmosfera de muitas cidades, incluindo altos níveis de material particulado.

Pessoas usam máscaras para tentar diminuir os efeitos da poluição no organismo. Xangai, China, 2018.

A tabela a seguir apresenta as fontes emissoras de MP_{10} na atmosfera da Região Metropolitana de São Paulo (RMSP), que inclui a capital e 38 cidades ao redor, em 2017.

MP_{10} – Emissões relativas por tipo de fonte RMSP (2017)	
Tipo de fonte	Influência em %
veículos leves	6,3
veículos pesados	31,9
motos	1,8
processo industrial	10,0
ressuspensão*	25,0
aerossóis secundários**	25,0
total	100,0

Fonte: Governo do Estado de São Paulo. Cetesb. *Qualidade do ar*. Disponível em: https://cetesb.sp.gov.br/ar/publicacoes-relatorios. Acesso em: 3 jun. 2019.

*Partículas assentadas no solo que podem voltar para a atmosfera.
**Aerossóis secundários são formados por transformações químicas dos aerossóis.

1. Comparem a produção de poluição por MP_{10} entre veículos leves, pesados e motos. Depois comparem esses dados com a produção do mesmo poluente pela indústria.

2. Partículas assentadas no solo podem voltar para a atmosfera, em um processo chamado **ressuspensão**. Como vocês imaginam que isso acontece?

3. Existem partículas bem menores do que o MP$_{2,5}$ no material particulado ultrafino, que chegam a ser 50 vezes menores. O esquema a seguir ilustra a penetração de material particulado no sistema respiratório humano.

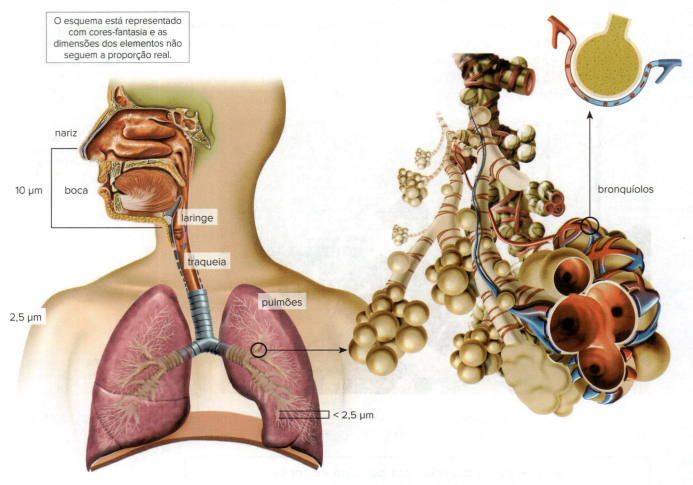

Fonte: Gerard J. Tortora. *Corpo humano: fundamentos de Anatomia e Fisiologia*. Porto Alegre: Artmed, 2010.

a) Expliquem a relação entre o tamanho das partículas e os órgãos do sistema respiratório atingidos.

b) Quais MP passam mais facilmente para o sangue?

Após pesquisas individuais e atividades em grupo, sigam as seguintes orientações.

1. Organizem uma síntese do percurso de investigação, escrevendo o que aprenderam sobre o tema. Incluam suas preocupações com os fatos estudados e elaborem propostas de iniciativas pessoais para atenuar os efeitos nocivos ao ambiente onde vivem, com o objetivo de manter e melhorar a saúde de todos.

2. Preparem uma apresentação usando tabelas, textos e imagens para divulgar os conhecimentos adquiridos.

APOIO

Poluentes atmosféricos. Ministério do Meio Ambiente. Nesse artigo você encontra a descrição de poluentes atmosféricos. Disponível em: www.mma.gov.br/cidades-sustentaveis/qualidade-do-ar/poluentes-atmosfericos. Acesso em: 18 jun. 2019.

ETAPA 3 — RESPEITÁVEL PÚBLICO

> **Produto final**
> Divulgação dos resultados das pesquisas para a comunidade.

É chegada a hora de finalizar as propostas investigativas dos grupos e comunicá-las a um público mais amplo. Todas elas se relacionam ao tema geral do projeto e à questão do quadro **Direto ao ponto** (página 27).

Os produtos finais são momentos de troca e de compartilhamento do que vocês aprenderam durante o processo. É justamente a participação de cada aluno nas apresentações de todos os grupos que possibilita a compreensão do tema do projeto de forma mais ampla.

Ao longo do projeto, as investigações sobre poluição do ar ajudam a promover melhor entendimento da importância do tema como problema ambiental no país e no mundo.

Avaliação coletiva

Em uma aula com os professores de Matemática e de Ciências, a turma conversará sobre o desenvolvimento da proposta escolhida. Algumas perguntas para nortear essa conversa:

- O que foi aprendido com a proposta, tendo em vista o que vocês pesquisaram?
- Os produtos finais contribuíram para ampliar o conhecimento sobre poluição do ar?
- Que outras investigações poderiam ser realizadas em ocasiões futuras?
- A resposta à questão norteadora foi ampliada? De que modo?

Avaliação individual

Conclua a avaliação feita ao longo do projeto.

O aquecimento global tem causado um resultado inesperado na gelada Groenlândia, no Círculo Polar Ártico. Os agricultores da região têm conseguido cultivar o solo por períodos mais longos do ano e até mesmo ocupar áreas que antes eram cobertas de gelo. Mas essa faceta positiva do fenômeno, além de muito restrita, é ilusória, uma vez que o aquecimento global pode levar à extinção dos ursos-polares, que somente existem nessa parte do globo, e elevar o nível dos mares. Para garantirmos um planeta sustentável, é necessária a consciência coletiva de que medidas em prol da redução de poluentes precisam continuar a ser tomadas. É importante pressionar os governos para que ajam nesse sentido.

Agricultores colhem batatas em plantação na Groenlândia.

47

PROJETO 3

Migrações

O deslocamento de pessoas pelo planeta é uma constante na história dos povos. A migração ocorre por motivações diversas e transformam tanto as sociedades abandonadas quanto as que recebem migrantes. Essa redistribuição espacial é determinante para a configuração das populações ao redor do globo – e esse processo continua ocorrendo.

Além desses aspectos, algo a ser destacado é a quantidade de obras literárias que dão dimensão artística ao ato de o migrante deixar sua terra e ir ao encontro do novo. Cada migrante tem uma história e cria uma narrativa sobre os acontecimentos que vivencia durante seu percurso. Não são poucos os escritores – ou mesmo as pessoas sem carreira literária – que decidiram registrar esse momento crucial.

DE OLHO NO TEMA

Cena do filme *Central do Brasil*, direção de Walter Salles, 1998. O filme conta a história de uma mulher e um garoto que fazem o trajeto de volta – da cidade grande para o sertão – em busca da família do menino. Nesta cena, os personagens estão usando um meio de transporte popularmente conhecido como **pau de arara**, bastante comum na década de 1950 nas viagens do Nordeste para o Sudeste brasileiro. Apesar de ser uma modalidade de transporte irregular, ainda hoje ele é usado em algumas regiões para deslocamentos relativamente curtos.

- A cena em destaque mostra um grupo de pessoas viajando para tentar a sorte em outro lugar. Em sua opinião, o que poderia ter motivado essas pessoas a migrar?
- Você sente vontade de morar em outro estado ou país? Qual? Por quê?
- Você acha que todas as pessoas têm direito de migrar para onde quiserem? Por quê?

DIRETO AO PONTO

Por que povos e pessoas migram e como percebemos a imigração?

JUSTIFICATIVAS

- A migração é um fenômeno que sempre existiu na vida humana, alterando a distribuição espacial das populações. Ela está refletida na formação das diversas sociedades e encontra-se na memória das pessoas, na criação literária e em outros registros. Conhecer os fluxos migratórios do passado e do presente, com base na experiência de migrantes, pode ajudar a compreender melhor a formação das sociedades e valorizar as motivações e os sentimentos das mais variadas pessoas.

OBJETIVOS

- Investigar o trânsito e a distribuição da população humana pelo planeta.
- Conhecer os fluxos migratórios no Brasil e no restante do mundo, explorando suas causas e consequências.
- Entrar em contato com narrativas que abordam a migração.
- Produzir experimentos literários em que a temática da migração seja abordada.

QUAL É O PLANO?

Etapa 1 – Explorando o assunto
- O Brasil e o trânsito de pessoas pelo planeta
- Migrações forçadas
- Povoamento dos continentes
- "Fazer a América": memória e ficção

Etapa 2 – Fazendo acontecer
- **Proposta investigativa 1** – Migrante da família ou da comunidade
- **Proposta investigativa 2** – Refugiados e imigrantes no Brasil
- **Proposta investigativa 3** – Emigrante brasileiro: personagem do mundo

Etapa 3 – Respeitável público
- Organização dos resultados da pesquisa
- Preparação e apresentação dos produtos finais

Balanço final
- Avaliação individual e coletiva

Avaliação continuada: Vamos conversar sobre isso?

↓ Colonos alemães na sede da diretoria da colônia, em Porto Cachoeiro (atual Cachoeiro de Itapemirim), no Espírito Santo, c. 1875. Fotografia de Albert Richard Dietze.

ETAPA 1 — EXPLORANDO O ASSUNTO

O Brasil e o trânsito de pessoas pelo planeta

A palavra **migrar** descreve um ato – o de ir e vir – que não está relacionado à origem ou ao destino de quem se desloca. Mas essa expressão gerou outras de significados mais específicos. No fenômeno da migração, existem tanto os processos de **emigração** (partida) como de **imigração** (chegada). **Emigrante** é a pessoa que sai de seu país de origem e muda para um país diferente. Quando ela chega ao outro país, é chamada de **imigrante**.

Nos deslocamentos dentro de um país, emprega-se simplesmente a palavra **migração**. Nesse caso, um cidadão que se transfere de um estado para outro, por exemplo, é o **migrante**.

Migrações internas no Brasil

A partir da década de 1950, ocorreram grandes fluxos migratórios no Brasil. Associados ao êxodo rural – deslocamento do ambiente rural para o urbano –, foram motivados, sobretudo, pelo processo de industrialização e de urbanização que começou no sudeste e em uma pequena parte do centro-oeste (devido à construção de Brasília, a nova capital do país, o que gerou muitos postos de trabalho). Naquele momento, em que predominou o fluxo do nordeste para o sudeste do Brasil, registrou-se o êxodo rural de 11 milhões de migrantes, sendo quase a metade deles originada do nordeste brasileiro.

↑ Migrantes da região Nordeste desembarcam em estação ferroviária. São Paulo (SP), 1958.

Na década de 1960, o êxodo rural já era expressivo em todas as regiões brasileiras. Os migrantes rurais nordestinos correspondiam a 3,1 milhões de pessoas; na região sul, nesse mesmo período, ocorreu o êxodo de quase metade da população rural, principalmente em direção ao norte; no centro-oeste, cerca de um terço da população rural saiu do campo em direção aos centros urbanos.

Nos anos 1980, quando houve períodos de seca prolongada no sertão brasileiro, 5,4 milhões de sertanejos deixaram o campo. Entretanto, a partir de meados dessa década, o fluxo migratório entre Nordeste e Sudeste diminuiu, surgindo outros polos de atração regional. Destacavam-se, principalmente, o Centro-Oeste (Goiás e Brasília) e o Sul (Santa Catarina).

1. De acordo com o texto, quais foram as regiões brasileiras que passaram pelo processo de êxodo rural?
2. Quais são os principais fatores que provocam o êxodo rural?
3. Em sua opinião, quais foram os possíveis reflexos no campo e nas cidades quando ocorreram migrações em massa? Considere aspectos como moradia, trabalho e renda familiar nesses dois espaços.
4. Em sua opinião, se as condições de vida no campo fossem dignas, teria ocorrido um fluxo tão grande de pessoas em busca de emprego nas indústrias ou nas cidades? Justifique.

Migrações internacionais

Entre meados do século XIX e início do XX, o Brasil recebeu um grande contingente de imigrantes. Eram, em sua maioria, portugueses, alemães, italianos, espanhóis e japoneses, que vieram em busca, principalmente, de melhores oportunidades e condições de vida.

No início do século XIX, com a intenção de promover a ocupação das terras perto das fronteiras ao sul, o governo brasileiro criou diferentes políticas de apoio à imigração, que incentivaram a criação de colônias formadas por imigrantes alemães, austríacos e suíços. Eles se instalaram em pequenas propriedades nas serras do Rio de Janeiro e ao longo dos rios dos atuais estados do Rio Grande do Sul, Santa Catarina e Paraná. Nessas regiões, passaram a cultivar vários produtos.

Entre o final do século XIX e início do XX, o incentivo era voltado aos imigrantes italianos e japoneses, que vieram para atuar como mão de obra assalariada, sobretudo nas lavouras de café no sudeste do país.

Em tal contexto, as políticas de imigração contribuíram para o agravamento dos conflitos por terra com diversos povos indígenas e para a desigualdade social que afeta, particularmente, a população negra. Isso porque os territórios indígenas eram considerados terras livres a serem ocupadas pelos colonos imigrantes. Por outro lado, a população negra, liberta da escravidão, não foi absorvida no campo como mão de obra assalariada.

No início do século XXI, o Brasil ainda era o destino de muitos imigrantes: pessoas em fuga de zonas de guerra, perseguidas por questões étnicas ou políticas, em busca de melhores condições de vida, entre outros motivos.

↑ Imigrantes japoneses em cultura de algodão no interior do estado de São Paulo, c. 1940.

↑ Imigrantes haitianos observam ofertas de emprego em centro de acolhida. São Paulo (SP), 2015.

1. Quais são os países e os continentes de origem dos estrangeiros que vieram para o Brasil entre os séculos XIX e XX?

2. Em sua opinião, qual foi a importância da vinda desses imigrantes para a formação cultural e econômica brasileira?

3. Para as populações negras e indígenas, quais foram as consequências das políticas de imigração iniciadas há 150 anos?

A questão dos refugiados

O fluxo migratório internacional estava em constante movimento nas primeiras décadas do século XXI e, nesse período, intensificaram-se os deslocamentos de pessoas que procuravam refúgio. Atualmente, esses migrantes são chamados de **refugiados**. São pessoas que migram em busca de proteção em outro território, por causa da perseguição religiosa, da orientação sexual, da identidade de gênero, da nacionalidade, do grupo étnico e social ou da posição política, ou ainda em decorrência de grave violação de direitos humanos – durante guerras, por exemplo.

De acordo com o relatório do Alto Comissariado das Nações Unidas para os Refugiados (Acnur), em 2016, cerca de 65,6 milhões de pessoas no mundo foram forçadas a deixar seus locais de origem em decorrência de conflitos. Na ocasião, superou-se a maior marca de refugiados até então, 22,5 milhões. A Síria é o local de origem da maioria dos refugiados no mundo: 5,5 milhões.

Fonte: Comitê Nacional para os Refugiados da Secretaria Nacional de Justiça – Governo Federal. *Refúgio em números*. Disponível em: www.justica.gov.br/news/de-10-1-mil-refugiados-apenas-5-1-mil-continuam-no-brasil/refugio-em-numeros_1104.pdf/view. Acesso em: 3 jun. 2019.

A partir de 2010, houve um aumento no número de pedidos de reconhecimento da condição de refugiado no Brasil, muitos em trâmite, isto é, ainda não finalizados.

1. O que diferencia o migrante do refugiado?

2. De onde veio a maior parte das pessoas que pediram refúgio ao Brasil, em 2017?

3. Quais são os continentes de origem dos solicitantes de refúgio mencionados no gráfico?

4. As motivações dos deslocamentos de populações de diferentes nacionalidades para o Brasil variam de acordo com o contexto de cada país. Faça uma pesquisa para entender melhor os motivos que levaram haitianos e venezuelanos a virem para o Brasil a partir de 2010.

APOIO

3 diferenças entre as migrações haitiana e venezuelana no Brasil, de João Paulo Charleaux. *Nexo*, 13 mar. 2018. Reportagem jornalística que analisa as diferenças entre imigrantes haitianos e venezuelanos. Disponível em: www.nexojornal.com.br/expresso/2018/03/13/3-diferenças-entre-as-migrações-haitiana-e-venezuelana-no-Brasil. Acesso em: 3 jun. 2019.

A pequena guerreira, de Giuseppe Catozzella (Record). Romance baseado na vida de Samia Omar, uma menina que, apesar de ter crescido na Somália devastada pela guerra, está determinada a ser uma atleta de sucesso. Um dia, ela decide deixar seu país como única alternativa para seguir os sonhos.

Brasileiros e argentinos podem trabalhar e morar legalmente em ambos os países. *Justilex*, 31 ago. 2016. Texto que explica normas do governo que regularizam migrações entre Brasil e Argentina. Disponível em: https://justilex.jusbrasil.com.br/noticias/13997/brasileiros-e-argentinos-podem-trabalhar-e-morar-legalmente-em-ambos-os-paises. Acesso em: 3 jun. 2019.

Qual é a diferença entre "refugiados" e "migrantes"? *ONU Brasil*, 3 maio 2016. Página das Nações Unidas em que se explica a diferença entre esses termos. Disponível em: https://nacoesunidas.org/qual-a-diferenca-entre-refugiados-migrantes. Acesso em: 3 jun. 2019.

Existe imigração ilegal?

Mudar de país é um direito reconhecido pelas Nações Unidas, como se observa na *Declaração Universal dos Direitos Humanos*.

Artigo 13

§1. Toda pessoa tem direito à liberdade de locomoção e residência dentro das fronteiras de cada Estado.

§2. Toda pessoa tem o direito de deixar qualquer país, inclusive o próprio, e a este regressar.

Artigo 14

§1. Toda pessoa, vítima de perseguição, tem o direito de procurar e de gozar asilo em outros países.

§2. Este direito não pode ser invocado em caso de perseguição legitimamente motivada por crimes de direito comum ou por atos contrários aos propósitos e princípios das Nações Unidas.

ONU. *Declaração Universal dos Direitos Humanos*. Biblioteca Virtual de Direitos Humanos. Disponível em: www.direitoshumanos.usp.br/index.php/Declaração-Universal-dos-Direitos-Humanos/declaracao-universal-dos-direitos-humanos.html. Acesso em: 3 jun. 2019.

A acolhida dos estrangeiros obedece às leis próprias de cada nação, que determinam a situação legal do imigrante. Ocasionalmente, leis nacionais conflitam com a Declaração Universal, e o imigrante torna-se irregular. Nessa condição, por correr o risco de **deportação**, submete-se a condições precárias de trabalho e remuneração, não tendo acesso a direitos fundamentais como saúde, educação e justiça.

> **GLOSSÁRIO**
>
> **Deportação:** processo em que um estrangeiro é forçado a sair de um país, sem poder a ele retornar.

↑ Campo de Zaatari (Jordânia), onde estavam abrigados cerca de 80 mil imigrantes, 2013.

↑ Alojamento improvisado em quadra poliesportiva para acomodar imigrantes venezuelanos. Boa Vista (RR), 2018.

 **PENSANDO JUNTOS**

1. Diversos grupos humanitários trabalham em prol do bem-estar e da acolhida de refugiados. Isso é importante? Por quê? Quais valores humanos são importantes para essas pessoas?

2. Procure em jornais e revistas – impressos ou digitais –, reportagens sobre imigrantes irregulares pelo mundo. Compare as circunstâncias vivenciadas por essas pessoas. Verifique se os refugiados sofrem limitações que contrariam a Declaração Universal dos Direitos Humanos.

Migrações forçadas

Uma vez que os refugiados não abandonam o país de origem voluntariamente, mas por conta de uma situação incontornável, considera-se que eles vivem uma condição de **migração forçada**. Além dos refugiados, existem alguns exemplos de como isso aconteceu ao longo da história, e que continuam a acontecer.

O maior movimento de migração forçada foi, certamente, o comércio de africanos escravizados, da África para as Américas, entre os séculos XVI e XIX. A chamada **diáspora africana** foi um dos principais fatores responsáveis pela composição da população brasileira. Isso porque, dos mais de 10 milhões de africanos trazidos ao continente americano no período, cerca de um terço se destinava ao Brasil.

Paul Harro-Harring. *O desembarque de escravos negros na Ilha de Santana*, c. 1840. Nanquim, aquarela e guache sobre papel, 21,3 cm × 31,8 cm.

Outra motivação constante para a migração forçada ao longo da história é a perseguição étnica. Por exemplo, durante a colonização da América, a partir do século XVI, ocorreu a dominação das populações que já habitavam o continente, o que levou a inúmeros deslocamentos forçados. Um episódio exemplar, que aconteceu nos Estados Unidos, ficou conhecido na história como Trilha das Lágrimas. No ano de 1830, o Ato de Remoção dos Índios, assinado pelo governo estadunidense, forçou milhares de pessoas, membros de cinco diferentes nações indígenas, a abandonar suas terras em direção a outro território que lhes foi determinado. Estima-se que as viagens, feitas sem nenhuma assistência, custaram a vida de aproximadamente metade desses migrantes.

Henry Steinegger. *A luta pela morte do general Custer*, c. 1878. Litografia, 73,6 cm × 53,2 cm. A expansão do território estadunidense para o oeste levou a guerra até diversas nações indígenas, resultando em mortes, aprisionamentos e migrações forçadas dos sobreviventes.

Na história do Brasil também não faltam episódios de migração forçada de populações indígenas. Eles aconteceram tanto por força da escravidão de indígenas praticada no Período Colonial quanto pelo deslocamento desses povos, que, ao fugir de perseguições e conflitos com outros segmentos da sociedade brasileira, iam do litoral para o interior do Brasil, em um movimento de interiorização.

Além disso, aconteceram casos de migração indígena forçada por ato do governo, com consequências graves. Fosse para explorar o trabalho indígena (por exemplo, na extração da borracha), fosse com o propósito de "civilizá-los" — como era comum ao Serviço de Proteção ao Índio, que existiu entre os anos de 1910 e 1967 —, populações inteiras foram deslocadas para colônias agrícolas e postos de trabalhos forçados. Essas práticas tiveram imenso impacto na vida dos migrantes e nas comunidades indígenas abandonadas.

← Escola do Posto Indígena Rodolfo Miranda, 1922. Tal posto foi criado em 1914, com o objetivo de "civilizar" os indígenas, ou seja, substituir seus hábitos culturais por aqueles do Brasil republicano.

VAMOS APROFUNDAR

1. Qual é o objetivo comum entre a migração forçada de povos africanos e o deslocamento forçado de indígenas brasileiros?
2. A migração forçada é um fenômeno que existiu no Brasil somente nos períodos Colonial e Imperial? Justifique.
3. Por que os deslocamentos populacionais forçados são uma característica da história dos países da América?

VAMOS AGIR

Pesquise notícias recentes sobre as populações indígenas brasileiras e responda:

1. Ainda existem conflitos entre as populações indígenas e outros segmentos da sociedade brasileira? Em caso positivo, quais conflitos você identificou?
2. Qual é o papel do governo brasileiro nesses conflitos?
3. Ainda existem exemplos de deslocamentos forçados de populações indígenas pelo governo brasileiro na atualidade? Justifique.

Povoamento dos continentes

A espécie humana surgiu no continente africano há cerca de 200 mil anos e, em sucessivas levas de migrações, alcançou todos os demais continentes. As travessias eram feitas a pé ou com embarcações simples. Acredita-se que nossos ancestrais, com base na posição do Sol e das estrelas, guiavam-se rumo a terras distantes, muitas vezes desconhecidas. São estudos em Arqueologia, Paleontologia e Genética que fornecem as evidências para essas afirmações.

Observe o mapa a seguir, que apresenta duas teorias para explicar a chegada dos primeiros povos ao continente americano, entre 14 mil e 12 mil anos atrás: a teoria do Estreito de Bering (1) e a teoria do povoamento pelo Oceano Pacífico (2).

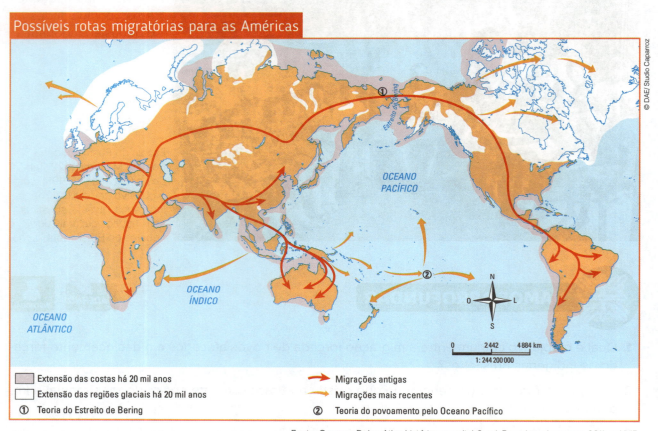

Fonte: Georges Duby. *Atlas histórico mundial*. 3. ed. Barcelona: Larousse, 2011, p. 14-15.

Para explicar a passagem das populações humanas pelo Estreito de Bering, considera-se que na última glaciação – isto é, quando houve formação de gelo nos continentes – o estoque de água líquida foi reduzido, baixando o volume dos oceanos. Desse modo, em vários pontos do planeta, onde antes havia oceano, surgiram conexões terrestres. Um desses lugares foi a Beríngia, contato terrestre entre a Ásia e a América. Assim, entre 14 mil e 13 mil anos atrás, os primeiros povos humanos teriam entrado no continente americano. A passagem da Beríngia foi coberta novamente pelo mar com o fim da glaciação e o derretimento das geleiras. Esse modelo é muito bem aceito pelos cientistas.

A segunda teoria mais aceita pela comunidade científica afirma que o povoamento da América ocorreu pelo Oceano Pacífico, entre 14 e 12 mil anos atrás. Grupos humanos teriam vindo das ilhas polinésias e melanésias através de balsas primitivas.

Há outras hipóteses em debate, pois os achados arqueológicos são variados e nem sempre confirmam as teorias dominantes.

Da América do Sul para as ilhas do Pacífico

Outra teoria para o povoamento dos continentes afirma que as ilhas da Polinésia e outras no Oceano Pacífico Sul receberam indígenas sul-americanos. Isso teria ocorrido num fluxo contrário em relação à teoria do Estreito de Bering. Atualmente, dispomos de vários estudos que investigam esse fluxo. Os povos tradicionais de toda a região do Pacífico contam histórias que possibilitam identificar as estrelas e as constelações utilizadas para orientar as navegações, que podem ter sido usadas como recurso para essas viagens. Esse conhecimento faz parte das tradições das comunidades que habitam conjuntos de ilhas e ilhotas no Oceano Pacífico, como Polinésia, Melanésia, Nova Zelândia, Havaí, entre outras.

Em 1947, o norueguês Thor Heyerdahl conseguiu realizar uma expedição que saiu de Callao, no Peru, rumo às ilhas do Pacífico Sul. Ele buscou reproduzir a viagem de Kon-Tiki-Viracocha, que, segundo lendas, foi um deus inca que velejou do Peru rumo ao pôr do sol numa grande jangada. A empreitada foi realizada em uma jangada de pau-de-balsa com seis homens na tripulação. A embarcação chegou a Raroia, na Polinésia Francesa, após 101 dias de navegação.

↑ Jangada Kon-Tiki, construída com madeira, em 1947, guiada por Thor Heyerdahl.

1. Os pesquisadores estão de acordo a respeito da origem dos povos sul-americanos?

2. Como foram desenvolvidas as hipóteses sobre o fluxo migratório do povoamento dos continentes para a expedição Kon-Tiki?

3. Descreva e localize no mapa as rotas de chegada à América do Sul de acordo com as duas teorias de povoamento. Tente imaginar como essas migrações ocorreram.

4. O que teria motivado, entre 14 mil e 12 mil anos atrás, a migração daquelas pessoas?

5. O que levou o norueguês Thor Heyerdahl a fazer uma expedição pelo Oceano Pacífico?

6. Qual é o valor científico da expedição Kon-Tiki?

APOIO

As indicações a seguir apresentam, na forma de filme e livro, respectivamente, a história de Thor Heyerdahl e seus companheiros de viagem, que buscam provar que é possível chegar às ilhas do Pacífico Sul saindo da América do Sul, da mesma forma que teria ocorrido há milhares de anos.

Expedição Kon-Tiki. Reino Unido/Dinamarca/Noruega/Alemanha/Suécia, 2013. Direção: Joachim Rønning e Espen Sandberg, 158 min.

A expedição Kon-Tiki, de Thor Heyerdahl (José Olympio).

"Fazer a América": memória e ficção

Na virada do século XIX para o XX, enquanto muitos imigrantes chegavam ao Brasil, era comum escutar que estavam vindo para "fazer a América". A frase era utilizada como metáfora para a conquista de melhores condições de vida numa terra cheia de possibilidades. Uma vez na América, esses estrangeiros misturaram experiências e começaram uma nova história, formando sentimentos e memórias. Nesse sentido, a literatura pode ser um caminho para entender as pessoas e a sociedade em que vivemos, como veremos em dois exemplos a seguir.

Lembranças para serem compartilhadas

Zélia Gattai

A escritora Zélia Gattai nasceu em São Paulo, em 1916, e faleceu em Salvador, em 2008. Filha de italianos, conviveu com pessoas de diferentes origens. Ainda criança, presenciou a organização de trabalhadores anarquistas — isto é, que seguiam uma filosofia política que rejeita o poder do Estado.

Sua obra mais famosa foi um livro de memórias, *Anarquistas, graças a Deus*, no qual relatou o cotidiano dos imigrantes da cidade de São Paulo no início do século XX.

Um personagem dessas memórias é o comerciante Rocco Andretta, italiano da cidade de Nápoles. Leia a seguir um trecho do livro, em que Rocco solicita a um pintor a elaboração de um mural para recordar sua terra natal.

↑ Zélia Gattai e Jorge Amado na 8ª Bienal do Livro. Rio de Janeiro (RJ), 1995.

Em outras obras memorialistas, Zélia Gattai resgata passagens de sua vida, por exemplo, a experiência como migrante em Salvador, para onde se mudou ao se casar com o escrito baiano Jorge Amado (1912-2001).

Quem assistiu, contou: Rocco, munido de vários cartões-postais, compusera a paisagem dirigindo o artista na homenagem à terra distante — havia quantos anos saíra de Nápoles? Já perdera a conta. Escolheu a parte mais espaçosa da parede, a mais vista da rua, para ali colocar o Vesúvio, fumaça e labaredas evolando-se da cratera, céu azul, grandes pássaros — que, na interpretação nacionalista de Joaquim, viraram coloridos papagaios, araras e tucanos — voando e, embaixo, na base, algumas carrocinhas carregadas de verduras e frutas, outras de tijolos e materiais de construção, puxadas a burros.

Zélia Gattai. *Anarquistas, graças a Deus*. São Paulo: Record, 1976. p. 14.

1. Quais são os elementos do mural que retratam a paisagem da terra natal e da terra em que o personagem fez nova moradia?

2. Em sua opinião, por que era importante para Rocco Andretta observar no mural o vulcão Vesúvio? O que ele significava para Rocco?

3. Observe que a maior parte do trecho está em 3ª pessoa (ele — Rocco). Mesmo assim, podemos notar a presença da narradora. Quais são os elementos no texto que revelam essa presença?

Tatiana Belinky

A autora de literatura infantojuvenil Tatiana Belinky nasceu na Rússia, em 1919, e faleceu em São Paulo, em 2013. Ela chegou ao Brasil em 1929, quando tinha 10 anos, acompanhada dos pais e irmãos, fugindo das ameaças da guerra. Suas memórias estão na obra *Transplante de menina*.

Nesse livro, a autora resgata a memória coletiva por meio de sua experiência. Ao contar a própria história, relata o que se passava com seu povo. Desse modo, recriou, em forma literária, o drama dos refugiados.

Leia a seguir um trecho de *Transplante de menina* para se aproximar da história de vida da autora.

↑ Tatiana Belinky, 2003. Além de escritora, foi jornalista, tradutora e adaptadora de peças teatrais infantis.

No entanto, o que me impressionou mesmo, quase me assustou… ninguém pode imaginar. Foi um… não riam! Um cacho de bananas! Isso mesmo, um grande cacho de bananas, mais alto que eu, parado muito tranquilo lá no cais, como que zombando do meu espanto ao ver aquela fartura, aquele despropósito de bananas!

Tatiana Belinky. *Transplante de menina: da Rua dos Navios à Rua Jaguaribe*. São Paulo: Moderna, 1995. p. 66.

VAMOS APROFUNDAR

1. Identifique o motivo que desencadeou a emigração da família Belinky.

2. Aponte elementos ficcionais da imaginação da autora e de seu "olhar estrangeiro", tanto por meio do estranhamento quanto do encantamento.

3. Nessa obra, o narrador está em 1ª pessoa. Faça o exercício de reescrever essas memórias em 3ª pessoa, transformando uma visão autobiográfica em biográfica. Desse modo, o narrador passa a observar e a descrever o ponto de vista externo.

4. Depois de elaborar seu texto, forme dupla com um colega e peça a ele que leia sua produção, enquanto você lê a dele.

    a) Façam comentários e procurem revisar o texto segundo a norma-padrão.

    b) Reflitam sobre as diferenças entre textos elaborados por narradores com pontos de vista externo e interno. O que cada narrador viu na experiência vivida por Tatiana Belinky quando criança?

PENSANDO JUNTOS

1. Vocês tiveram contato com duas narrativas autobiográficas. São trabalhos artísticos que resgatam a memória. E nossa memória? Podemos afirmar que todos os detalhes e sentimentos guardados na memória são recordações verdadeiras?

2. Qual é a importância da literatura para o estudo das migrações?

A seguir, leia o poema de Patativa do Assaré sobre a história de um migrante nordestino que veio para o Sul. Esse poema foi musicado e se tornou conhecido nas vozes da dupla Pena Branca e Xavantinho.

Vaca Estrela e Boi Fubá

Seu dotô me dê licença
Pra minha histora eu contá
Se hoje estou em terra estranha
E é bem triste o meu pená
Mas já fui muito feliz
Vivendo no meu lugá.
Eu tinha cavalo bom,
Gostava de **campeá**
E todo dia aboiava
Na portera do currá.
Ê ê ê ê Vaca Estrela
Ô ô ô ô Boi Fubá.
Eu sou fio do Nordeste,
Não nego meu naturá
Mas uma seca medonha
Me tangeu de lá pra cá.

Lá eu tinha meu gadinho
Não é bom nem maginá,
Minha bela Vaca Estrela
E o meu lindo Boi Fubá,
Quando era de tardezinha
Eu começava **aboiá**.
[...]
Aquela seca medonha
Fez tudo se trapaiá;
Não nasceu capim no campo
Para o gado sustenta,
O sertão esturricou,
Fez o açude secá,
Morreu minha Vaca Estrela,
Se acabou meu Boi Fubá,
Perdi tudo quanto tinha

Nunca mais pude aboiá.
[...]
E hoje, nas terra do Sú,
Longe do torrão natá,
Quando vejo em minha frente
Uma boiada passá,
As água corre dos óio,
Começo logo a chorá,
Me lembro da Vaca Estrela,
Me lembro do Boi Fubá;
Como sodade do Nordeste
Dá vontade de aboiá.
Ê ê ê ê Vaca Estrela
Ô ô ô ô Boi Fubá.

Patativa do Assaré. *Vaca Estrela e Boi Fubá*. Disponível em: www.abralic.org.br/eventos/cong2008/AnaisOnline/simposios/pdf/030/FRANCISCO_DAMAZO.pdf. Acesso em: 3 jun. 2019.

> **GLOSSÁRIO**
> **Aboiá:** variante sertaneja da expressão "aboiar"; refere-se ao trabalho com gado ou à cantoria tradicionalmente utilizada pelos peões para conduzir os bois.
> **Campeá:** variante sertaneja da expressão "campear"; refere-se a sair pelos campos, procurar gado no campo.

1. Agora leia novamente o texto, mas com olhar investigativo. Depois responda às questões.
   a) Na terra natal, qual era o trabalho desse migrante nordestino?
   b) O que o motivou a migrar?
   c) O poeta pede licença para contar sua história, que se divide em tristezas e alegrias. Quais são os momentos da vida dele que estão associados a esses sentimentos?
   d) Leia o poema em voz alta e reflita com a turma. Note que o poeta registra as sonoridades de palavras muito específicas, de acordo com a variedade local da língua portuguesa.
   e) Quais sentimentos são despertados pela preservação das sonoridades que remetem à terra natal? Comente.

2. Transforme o poema de Patativa do Assaré em uma pequena narrativa em prosa. Isso deve ser feito de modo a demonstrar os sentimentos do migrante em relação ao local de onde saiu e ao qual chegou.
   a) Planeje os momentos de seu texto para que tenha começo, meio e fim.
   b) Expresse os sentimentos vividos pelo migrante de acordo com o passado e o presente, de modo a acompanhar as transformações do personagem.

ETAPA 2 — FAZENDO ACONTECER

Observem os tópicos estudados e as discussões sobre direitos humanos e liberdades individuais que já foram abordadas. De acordo com essa bagagem, discutam a questão norteadora:

> Por que povos e pessoas migram e como percebemos a imigração?

Orientações gerais

Em grupo

1. Os alunos irão se reunir em grupos e cada grupo fará uma proposta investigativa. Com os resultados, será produzido um livro ou página *on-line* que apresente narrativas sobre migrações no Brasil e no mundo.
2. Nessa etapa, cada grupo terá uma linha de pesquisa com base na qual desenvolverá a temática da migração. Devem-se investigar diversas fontes de pesquisa e de inspiração para a escrita (entrevistas, depoimentos, filmes, peças de teatro, canções, poesias, livros, *sites* etc.).
3. Definam coletivamente como cada integrante vai elaborar a parte escrita.
4. Resgatem o estudo a respeito dos narradores, lembrando que um evento pode ser contado sob diferentes pontos de vista.
5. Façam um planejamento, de modo que todos participem. É possível, por exemplo, dividir os momentos da narrativa para que cada integrante do grupo escreva uma parte.

> É interessante que a mesma trajetória seja contada por narradores diferentes. Isso pode ser feito na voz do próprio entrevistado, criando-se um narrador-personagem, ou até mesmo por meio de um observador distanciado (em 3ª pessoa). Experimentem as possibilidades antes de decidir por um estilo definitivo. Nesses experimentos literários podem conviver memória individual, ficção e fatos históricos.

Livro ou página *on-line* da turma: Migrações no Brasil e no mundo

Cada grupo fará postagens ou capítulos que relatem os resultados das pesquisas e apresentem os textos narrativos elaborados. Utilizem fotografias, imagens, desenhos, mapas e gráficos. Não se esqueçam de sempre mencionar as fontes.

Em uma busca rápida na internet, é possível encontrar vários tutoriais que ensinam o passo a passo para a criação de um *blog*. É necessário escolher uma plataforma de hospedagem. Há várias plataformas gratuitas.

Na internet, as redes sociais têm espaço destinado às publicações coletivas. Escolham o mais adequado ao produto final da turma.

monkeybusiness/iStockphoto.com

PROPOSTA INVESTIGATIVA 1

MIGRANTE DA FAMÍLIA OU DA COMUNIDADE

> **Metas**
> - Entrevistar um migrante com o objetivo de elaborar uma narrativa sobre a história dele. Essa pessoa pode ser um amigo, parente, do convívio da família ou da comunidade.
> - Debater necessidades individuais e coletivas que motivam a migração.

Primeira fase

Em grupo

1. Conversem a respeito de estrangeiros conhecidos de vocês que vivem no Brasil. Podem também ser migrantes de outros estados ou cidades.
2. Elaborem uma lista com o nome dessas pessoas para conhecê-las melhor.
3. Procurem identificar se essas pessoas chegaram em fluxos migratórios já estudados neste projeto. Retomem os textos da **Etapa 1** para fazer essa checagem. Levantem hipóteses a respeito da história de vida delas, que serão conferidas durante a entrevista.

Individualmente

4. Cada integrante do grupo deve escolher um nome da lista, entrar em contato com essa pessoa e consultá-la sobre a possibilidade de falar a respeito de sua trajetória como migrante. Se ela aceitar, peça-lhe informações sobre quando migrou, de onde veio etc. e compartilhe com o grupo.
5. Se necessário, faça novas pesquisas em livros, em jornais e na internet para compreender o contexto da migração em cada caso. A pesquisa prévia é muito importante para uma entrevista bem-sucedida.

→ Família de migrantes proveniente do Nordeste brasileiro chega à cidade de São Paulo, 1974.

Segunda fase

Em grupo

1. Organizem-se para entrevistar as pessoas que aceitaram o convite. É importante que todos estejam presentes nesse momento. Agendem a entrevista com antecedência e estejam atentos à pontualidade e ao respeito com o entrevistado. Segue uma sugestão de roteiro de entrevista.

Roteiro de entrevista (sugestão)

- Nome do entrevistado
- Idade
- Local de nascimento: país e cidade
- Local de residência atual
- Você tem lembranças do local de seu nascimento? Qual é a memória mais marcante?
- Quais foram os motivos que o fizeram sair de seu local de nascimento?
- Você escolheu o local de destino? Se escolheu, quais foram os critérios?
- O que você lembra da viagem de vinda? Qual é a memória mais marcante desse momento?
- Quais foram suas primeiras impressões no novo local?
- Quais foram as principais dificuldades enfrentadas em seu novo local de moradia?
- Que oportunidades surgiram após chegar a seu novo lar?
- Como foram os primeiros anos? O que mudou de lá para cá?
- Você tem vontade de voltar para seu local de origem? Por quê?
- O que mais você gostaria de nos contar sobre essa experiência de viver em outro lugar?

2. Utilizem gravadores ou aplicativos disponíveis nos celulares. Parte da fala dos entrevistados pode ser transcrita como material para a narrativa a ser produzida.

3. Com base nas informações e no material coletado, elaborem conjuntamente uma ou mais narrativas com base nas histórias das pessoas entrevistadas. Para isso, o grupo deverá fazer algumas escolhas.

   - Quem serão os personagens da história?
   - Quais serão os cenários?
   - Quais acontecimentos serão narrados ou quais serão os momentos da narrativa escolhida? Quais conflitos serão abordados?
   - A narrativa será em 1ª ou em 3ª pessoa?

4. Na escrita colaborativa, tarefas podem ser divididas entre as pessoas do grupo (cada um escreve uma parte). Conversando com os colegas, é possível chegar a uma ideia geral de como será o texto e como organizar as partes ou os eventos na narrativa. Depois que a redação estiver concluída, observem se ainda há acertos na estrutura geral do texto ou se já é possível fazer a revisão final da ortografia.

Familiares, vizinhos, amigos e conhecidos podem ter vindo de lugares distintos do Brasil e do mundo. É importante preservar a memória e a diversidade cultural, como na Feira de São Cristóvão. Ela ocorre no Centro Luiz Gonzaga de Tradições Nordestinas.

→ Estátua de Luiz Gonzaga em frente à Feira de São Cristóvão, Rio de Janeiro (RJ).

APOIO

Museu da Imigração do Estado de São Paulo: http://museudaimigracao.org.br. Nesse *site* é possível pesquisar um pouco da história da antiga Hospedaria de Imigrantes, bem como a documentação dos imigrantes guardada no acervo do museu.

Museu da Pessoa: www.museudapessoa.net. Nessa página há depoimentos e histórias de vida de muitas pessoas, coletados ao longo de vários anos.

PROPOSTA INVESTIGATIVA 2
REFUGIADOS E IMIGRANTES NO BRASIL

Metas
- Selecionar relatos sobre refugiados com o objetivo de elaborar uma narrativa a respeito de sua história, individual ou coletiva.
- Debater o cumprimento de direitos humanos e a ajuda humanitária.

Primeira fase
Individualmente

1. Procure, em jornais e revistas impressos ou digitais, relatos, depoimentos e reportagens sobre refugiados e imigrantes irregulares no Brasil ou em outros países.
2. Identifique se há ajuda humanitária prestada aos refugiados destacados no conteúdo pesquisado. Em caso positivo, preste atenção em como ocorre essa ajuda e quais são as dificuldades que essas pessoas enfrentam.
3. Faça uma seleção do que você achou mais interessante e traga o material para debater com o grupo.

Cartaz de campanha da ONU que visava conseguir doações para refugiados palestinos, em 2014. Eram solicitadas doações de roupas para que eles pudessem suportar o rigoroso inverno do Hemisfério Norte.

4. Acompanhe as informações a seguir, a respeito dos venezuelanos que imigram para o Brasil e outros países da América do Sul. O fluxo migratório que tem crescido nos últimos anos.

A questão dos imigrantes venezuelanos no Brasil

A partir da década 1990, a implementação de empreendimentos do setor petroleiro na Venezuela forçou a migração interna de populações indígenas para áreas urbanas do país. Eles passaram a trabalhar como mão de obra de baixa qualificação e, em muitos casos, tornaram-se pessoas em situação de rua.

Anos mais tarde, com o declínio da produção de petróleo que sustentava economicamente o país, ocorreu uma crise política, econômica e humanitária. A escassez de alimentos e de produtos de necessidade básica, por exemplo, é algo fundamental para compreender o problema na Venezuela. Por esse motivo, entre janeiro de 2014 e junho de 2018, cerca de 2,3 milhões de venezuelanos deixaram o seu país.

Veja o gráfico ao lado, que fornece dados sobre as solicitações de refúgio de venezuelanos no Brasil.

Pedidos de refúgio no Brasil: venezuelanos – 2010-2017

Ano	Entrada
2010	4
2011	4
2012	1
2013	43
2014	201
2015	822
2016	3 375
2017	17 865

Fonte: Comitê Nacional para os Refugiados da Secretaria Nacional de Justiça – Governo Federal. *Refúgio em números*. Disponível em: www.justica.gov.br/news/de-10-1-mil-refugiados-apenas-5-1-mil-continuam-no-brasil/refugio-em-numeros_1104.pdf/view. Acesso em: 3 jun. 2019.

Para conhecer um pouco melhor a realidade dos imigrantes venezuelanos no Brasil, leia a transcrição do depoimento de Ramón Gómez Quiñones Warao, indígena do povo warao. Os waraos são a segunda maior população indígena da Venezuela – cerca de 49 mil pessoas –, distribuída em centenas de comunidades tanto em áreas urbanas quanto rurais, ribeirinhas e litorâneas.

Texto 1

O povo warao... Sempre está em busca de uma nova alternativa. E foi isso que meu avô me contou quando eu tinha 5 anos. Através do mito de origem warao que é praticamente idêntico.

Viemos por uma necessidade! [...] Não viemos para roubar! [...] Viemos de uma situação de crise.

A mulher e a criança... Que sai na rua e pede dinheiro no semáforo e na rua também... Creio que o brasileiro não gosta... Eu também não gosto disso porque [...] na cultura warao não existe isso. Lamentavelmente, na Venezuela é grande a violação dos direitos humanos. Violação dos direitos indígenas. Aqui no Brasil estamos em um abrigo. E até hoje temos uma quantidade de 450 adultos e 120 crianças.

Fonte: *Extraño*. Documentário produzido para a disciplina de Jornalismo Comunitário do curso de Jornalismo da Universidade Federal de Roraima. Boa Vista (RR), 2017. Disponível em: www.youtube.com/watch?v=xZcyyXm1DBM. Acesso em: 3 jun. 2019.

← Membros do povo indígena warao, da Venezuela, vivem em condições precárias em Manaus (AM), 2017.

Leia trechos da reportagem a seguir, que apresentam uma projeção do cenário da migração forçada venezuelana para os próximos anos.

Texto 2

OEA: número de refugiados venezuelanos deve superar 5 milhões até 2020

Relatório elaborado pelo Grupo de Trabalho da Organização dos Estados Americanos (OEA) alerta que a migração forçada de venezuelanos ultrapassará 5 milhões de pessoas até o final de 2019. O relatório também prevê que, se a situação não mudar na Venezuela, até o ano 2020, entre 7,5 e 8,2 milhões de venezuelanos poderão fazer parte da migração forçada [...].

O coordenador do Grupo de Trabalho, David Smolansky, afirmou que a assistência internacional para migrantes e refugiados venezuelanos é escassa. "Agradecemos a generosidade da comunidade internacional, mas essa contribuição hoje não chega a US$ 200 milhões e, em uma comparação, a crise síria recebeu mais de US$ 30 bilhões [...]".

Segundo o relatório, para os refugiados sírios são destinados US$ 5 mil por pessoa e para os venezuelanos, menos de US$ 300 por pessoa. O relatório mostra ainda que na Colômbia há 1,2 milhão de venezuelanos; no Peru, 700 mil; no Chile, 265 mil; no Equador, 220 mil e na Argentina, 130 mil. O estudo não menciona o Brasil.

Agência Brasil. OEA: número de refugiados venezuelanos deve superar 5 milhões até 2020. *EBC*, 9 mar. 2019. Disponível em: http://agenciabrasil.ebc.com.br/internacional/noticia/2019-03/oea-numero-de-refugiados-venezuelanos-deve-superar-5-milhoes-ate-2020. Acesso em: 3 jun. 2019.

Segunda fase

Em grupo

1. Selecionem um ou mais relatos pesquisados individualmente para aprofundarem a investigação.

2. Busquem mais informações sobre os conflitos motivadores da imigração, o país de origem e o país que os acolheu.

3. Identifiquem a trajetória da imigração, isto é, quando a pessoa deixou sua terra, por quais localidades passou e a forma de locomoção (caminhada ou uso de meios de transporte, como barco, caminhão etc.).

4. Identifiquem conflitos vividos na adaptação ao novo país. Reflitam, por exemplo, sobre como a pessoa foi recebida, entre outros tópicos que possam ter surgido nas pesquisas individuais.

5. Procurem imagens e vídeos relacionados ao relato.

6. Comparem circunstâncias vivenciadas por essa pessoa com o que é esperado no cumprimento dos direitos humanos.

7. Com base nas informações e no material coletado sobre a história do entrevistado, elaborem conjuntamente uma narrativa considerando os elementos a seguir.

   - Quem serão os personagens da história?
   - Quais serão os cenários?
   - Quais acontecimentos serão narrados ou quais serão os momentos da narrativa?
   - Quais conflitos serão abordados?
   - A narrativa utilizará a 1ª ou a 3ª pessoa?

> **APOIO**
>
> **Alto Comissariado das Nações Unidas para os Refugiados (Acnur)**: www.acnur.org/portugues/dados-sobre-refugio/dados-sobre-refugio-no-brasil. A Agência da ONU para os Refugiados (Acnur) é uma instituição que se dedica à questão dos refugiados. Na página indicada podem ser obtidos dados a respeito de refugiados no Brasil. Aproveite e navegue pelo *site*, que apresenta várias informações sobre o tema.
>
> **Migração sem escolha**, de Philippe Rekacewicz. *Le monde diplomatique*, 1º out. 2008. Reportagem jornalística sobre refugiados pelo mundo e seus dramas. Disponível em: https://diplomatique.org.br/migracao-sem-escolha. Acesso em: 25 maio 2019.

PROPOSTA INVESTIGATIVA 3

EMIGRANTE BRASILEIRO: PERSONAGEM DO MUNDO

Metas

- Selecionar relatos de brasileiros que emigraram e narrar a história deles.
- Debater as expectativas e a efetiva realidade vivida pelo emigrante.

Primeira fase

Individualmente

1. Acompanhe as informações a seguir, a respeito dos emigrantes nacionais, ou seja, das pessoas que saem do Brasil para outras terras.

Emigrantes brasileiros

Segundo o Ministério das Relações Exteriores do Brasil (MRE), cerca de 2,5 milhões de brasileiros vivem no exterior. Veja dois exemplos sobre o assunto.

Texto 1

Vivo no Canadá com minha mulher há pouco mais de um ano. Viemos como residentes permanentes após um processo de imigração que durou quase três anos.

[...] Enfrentamos muitos obstáculos por não dispor de informações confiáveis sobre o processo de imigração e a adaptação ao Canadá, e precisamos aprender muito na base da tentativa e erro [...].

Chegar aqui é como nascer de novo.

[...] Você sempre será lembrado de que tem uma desvantagem: veio de outro país. Por isso, seja humilde [...]. Respeite integralmente as leis e deixe para trás o jeitinho brasileiro [...].

Apesar de questões como essas, o Canadá é um ótimo país. Nos esforçamos muito, mas estamos felizes e nossa adaptação tem sido tranquila por aqui. Minha mulher chegou com pouco domínio do idioma inglês, mas disposta a aprendê-lo e buscar fluência para, em seguida, buscar seu crescimento profissional aqui. Para isso, está frequentando cursos subsidiados pelo governo federal para recém-chegados. Quanto a mim, voltei à faculdade para ampliar meus horizontes profissionais e venho obtendo bons resultados. De acordo com meus professores no curso de *Interactive Media Design*, eu faço um bom trabalho "apesar de ter vindo de outro país"...

Não pensamos em voltar para o Brasil [...].

> Alexei Michailowsky. "Pense antes de partir. Para ser feliz como imigrante é preciso esquecer o 'sonho canadense'. Ele não existe". *Draft*, 26 maio 2016. Disponível em: https://projetodraft.com/para-ser-feliz-como-imigrante-e-preciso-esquecer-o-sonho-canadense-ele-nao-existe. Acesso em: 25 maio 2019.

Texto 2

Vivian e Odirlei Domingues, ambos de 38 anos, já utilizaram o [...] [Programa de Apoio ao Retorno Voluntário e à Reintegração – Árvore, ligado à Organização Internacional para Migrações (OIM) e ao governo português]. O casal retornou para Mauá (SP), em junho do ano passado.

"Meu marido não conseguiu arrumar emprego fixo e salário bom [em Portugal]. Ele foi com uma vaga de lavador de carro e, no futuro, pegaria um contrato para se legalizar", conta Vivian.

Mas o plano não funcionou, e Odirlei, com nível superior e uma carreira de analista financeiro, também trabalhou na limpeza de uma academia. Ainda assim, a conta não fechava.

[...] Ela diz não se arrepender da experiência, mas desaconselha aqueles que querem tentar a sorte sem os devidos vistos.

Ricardo Ribeiro. *Não era como imaginava: cresce número de brasileiros que pedem ajuda para voltar de Portugal.* UOL, 17 ago. 2018. Disponível em: https://noticias.uol.com.br/internacional/ultimas-noticias/2018/08/17/brasileiros-voltam-portugal-emigrar-salario-seguranca-visto.htm. Acesso em: 25 maio 2019.

Brasileiros formam filas em frente ao Consulado do Brasil em Lisboa, Portugal, 2019. São mais de mil pessoas por dia, muitos deles recém-chegados ao país, em busca de assistência para legalizar a situação de imigrante.

2. Cada integrante do grupo deve pesquisar, na internet, relatos e depoimentos de pessoas que viveram uma experiência de migração internacional. Inicie uma sondagem prévia sobre essa história e levante os seguintes dados: quando saiu de seu país de origem, de onde saiu e para onde foi, quais motivos levaram a pessoa a essa decisão e se está em situação de migração legal ou ilegal. Traga as informações para debater com o grupo.

Segunda fase

Em grupo

1. Escolham um ou mais relatos e depoimentos da sondagem prévia sobre histórias de migrantes internacionais e ampliem a investigação.
2. Façam uma pesquisa aprofundada do contexto da história escolhida buscando mais informações sobre os motivos dessa migração, o país de origem e o escolhido.
3. Confirmem se o processo de migração foi legal ou ilegal. Nesse último caso, investiguem qual foi a trajetória e o tempo de duração da viagem.
4. Descrevam como é a vida dessa pessoa nesse outro país e as condições de emprego: Será que ela exerce a mesma profissão que no país de origem? Em seguida, verifiquem quais são as condições de moradia dessa pessoa.
5. Elaborem uma narrativa com base no depoimento ou relato selecionado, nas informações coletadas e no contexto dessa migração internacional em busca de qualidade de vida. Para isso, considerem os elementos a seguir.

- Quem serão os personagens da história?
- Quais serão os cenários?
- Quais acontecimentos ou momentos da narrativa serão narrados?
- Quais conflitos serão abordados?
- A narrativa será em 1ª ou em 3ª pessoa?

APOIO

Brasileiros no mundo: www.brasileirosnomundo.itamaraty.gov.br/a-comunidade/estimativas-populacionais-das-comunidades. Nesta página do Ministério das Relações Exteriores, você encontrará dados sobre a comunidade brasileira no exterior.

ETAPA 3 RESPEITÁVEL PÚBLICO

É chegada a hora de finalizar as propostas investigativas feitas pelos grupos e comunicá-las para um público mais amplo. Todas elas se relacionam ao tema geral do projeto e à questão do quadro **Direto ao ponto** (página 49).

Os produtos finais são momentos de troca e de compartilhamento, entre os alunos, do que foi aprendido durante o processo. É justamente a participação de cada aluno nas apresentações de todos os grupos que possibilita compreender o tema do projeto de forma mais ampla.

> **Produto final**
>
> Sarau para divulgação do *blog* ou livro da turma com o título *Migrações no Brasil e no mundo*.tativo do trabalho no Mundo Medieval.

Neste projeto, as investigações sobre as migrações voluntárias ou forçadas, no Brasil e no mundo, promovem melhor compreensão do trânsito de pessoas e mostram a importância deste movimento na formação das populações.

O material ficará disponível na biblioteca da escola ou em plataforma na internet, acessível aos demais colegas da escola e da comunidade.

BALANÇO FINAL

Avaliação coletiva

Em uma aula com os professores de Geografia, História e Língua Portuguesa, toda a turma conversará sobre o desenvolvimento do projeto escolhido. Seguem algumas perguntas para nortear a conversa:

- O que foi aprendido com o projeto tendo em vista o que vocês pesquisaram?
- Os produtos finais contribuíram para ampliar o conhecimento sobre as migrações?
- Que outras investigações poderiam ser feitas em ocasiões futuras?
- Como a resposta à questão norteadora foi desenvolvida?

Avaliação individual

Conclua a avaliação feita ao longo do projeto.

Os Jogos Olímpicos do Rio de Janeiro, em 2016, tiveram um marco: foi a primeira edição com a participação da Equipe Olímpica de Atletas Refugiados, apresentada como delegação na cerimônia de abertura. Sem condições de representar os próprios países, esses atletas puderam chamar a atenção para a situação que enfrentam e mostrar a esperança de um recomeço em outro lugar.

PROJETO 4
Fontes de energia elétrica

É praticamente impensável nosso cotidiano sem energia elétrica: iluminação, aquecimento, eletrodomésticos, aparelhos celulares, computadores e tantos outros equipamentos que requerem o uso crescente de recursos naturais. Todo esse consumo de energia coloca em pauta a eficiência das fontes utilizadas atualmente, bem como seu custo ambiental.

No Brasil, a principal fonte de energia elétrica são as hidrelétricas, que aproveitam a força da água para gerar energia. No restante do mundo, é grande a utilização de combustíveis fósseis para produzir energia, como carvão mineral, gás natural e petróleo.

Desde o fim do século XX, a evolução das pesquisas sobre o uso de fontes de energia elétrica conhecidas como "limpas" tem sido surpreendente. Aliadas a políticas de incentivo, as fontes alternativas podem promover um desenvolvimento do tipo sustentável.

DE OLHO NO TEMA

Fotografia noturna da América do Sul, com destaque para o Brasil, feita do espaço pela Nasa.

- O que representam os pontos mais iluminados na fotografia?
- Você conhece uma hidrelétrica? Já ouviu falar de outras formas de geração de energia elétrica?

DIRETO AO PONTO

Existe uma fonte de energia elétrica melhor para todos?

JUSTIFICATIVAS

- No Brasil e no mundo, há uma demanda crescente por fontes energéticas. Contudo, governos e ambientalistas estão em constante debate sobre as melhores formas de suprir as necessidades das populações, considerando a importância de também buscar sustentabilidade. Informar-se a respeito das alternativas para hoje e para o futuro é o caminho mais eficaz para tomar posição em relação ao tema.

OBJETIVOS

- Reconhecer que há fontes energéticas que causam mais impactos negativos ao ambiente do que outras.
- Investigar alternativas sustentáveis de fontes de energia elétrica disponíveis atualmente.
- Organizar informações básicas por meio de estudo e pesquisa de textos e vídeos de divulgação científica.

QUAL É O PLANO?

Etapa 1 – Explorando o assunto

- Fontes de energia elétrica
- A energia em artigos de divulgação científica

Etapa 2 – Fazendo acontecer

- **Proposta investigativa 1** – Energia de combustíveis fósseis
- **Proposta investigativa 2** – Energia de biomassa
- **Proposta investigativa 3** – Energia nuclear
- **Proposta investigativa 4** – Energia solar
- **Proposta investigativa 5** – Energia eólica
- **Proposta investigativa 6** – Energia hidráulica

Etapa 3 – Respeitável público

- Organização e seleção dos conhecimentos adquiridos
- Preparação e apresentação do produto final

Balanço final

- Avaliação individual e coletiva

Avaliação continuada: Vamos conversar sobre isso?

↓ Trabalhadores instalam painéis de captação de energia solar em Huai'an, China.

ETAPA 1 — EXPLORANDO O ASSUNTO

Fontes de energia elétrica

As fontes de energia renováveis são aquelas que, para serem produzidas, utilizam recursos naturais que não se esgotam durante uma escala de tempo humana, como o Sol e a força dos ventos e da água. Já as fontes não renováveis consomem recursos cujos estoques na natureza são limitados ou demoram milhões de anos para se formar, como o petróleo, o carvão mineral e o gás natural.

Além disso, o custo de funcionamento das usinas de energia elétrica à base de fontes renováveis é menor e elas emitem menos gases relacionados ao efeito estufa do que as usinas à base de energia não renovável.

Os gráficos a seguir indicam as fontes renováveis e não renováveis empregadas no Brasil e no mundo para geração de energia elétrica. Essa energia faz parte de um conjunto de fontes que formam a chamada **matriz energética**, ou seja, o conjunto de fontes disponíveis em um país, estado ou no mundo para suprir a demanda de energia.

Interprete os dados e consulte os termos desconhecidos em dicionários ou em livros.

Matriz de energia elétrica: Brasil e mundo

Brasil – 2017
- 65,2%
- 8,2%
- 6,9%
- 4,1%
- 2,5%
- 10,5%
- 2,6%

Mundo – 2016
- 38,3%
- 3,7%
- 23,1%
- 10,4%
- 16,6%
- 2,3%
- 5,6%

Legenda:
- Hidráulica
- Nuclear
- Gás natural
- Derivados de petróleo
- Carvão mineral
- Biomassa
- Solar, Eólica, Geotérmica*, Maré*

* Sem registro no Brasil.

Fonte: Empresa de Pesquisa Energética (EPE). *Matriz energética e elétrica*. Disponível em: www.epe.gov.br/pt/abcdenergia/matriz-energetica-e-eletrica. Acesso em: 5 jun. 2019.

VAMOS APROFUNDAR

1. A energia elétrica de origem fóssil é aquela proveniente de produtos combustíveis fósseis, que são fontes não renováveis. Identifique nos gráficos as fontes não renováveis usadas no Brasil e no mundo.

2. Identifique nos gráficos as fontes renováveis de energia. Esse conjunto de fontes já ultrapassou o uso de energia fóssil no Brasil e no mundo? Demonstre somando as porcentagens de energia renováveis e comparando-as com as demais.

3. Faça um gráfico de barras para comparar o uso de energia do Brasil e do mundo: uma barra deve informar a soma das fontes renováveis e não renováveis nacionais; a outra barra, a soma das fontes renováveis e não renováveis mundiais. Escolha uma forma que torne essa comparação clara, utilizando cores bem diferentes e arredondando as porcentagens para números inteiros.

4. Do ponto de vista ambiental, a posição do Brasil, no que se refere ao uso de fontes de energia elétrica, é vantajosa em relação ao restante do mundo?

Usinas de produção de energia

Apresentamos a seguir três esquemas de usina de produção de energia. Observe que elas têm em comum um princípio básico de funcionamento: o movimento de turbinas que acionam um gerador. O gerador é a máquina que transforma o movimento em energia elétrica. A forma pela qual cada turbina é acionada é o principal elemento que distingue os diferentes tipos de usina.

Examine cuidadosamente os esquemas a seguir e verifique quais são os recursos que geram o movimento das turbinas nas usinas hidrelétrica, **termoelétrica** e **nuclear**.

> **GLOSSÁRIO**
>
> **Usina nuclear**: abrange termoelétricas que utilizam elementos radioativos (por exemplo, o urânio) como combustível.
>
> **Usina termoelétrica**: tipo de usina em que a turbina é movimentada pela pressão de vapor obtido com o aquecimento da água. O aquecimento da água pode ser obtido pela queima de carvão mineral, óleo diesel, gás natural, resíduos da agricultura (biomassa) ou resíduos sólidos urbanos.

> Observe na ilustração abaixo que, em uma usina hidrelétrica, há energia potencial da água do reservatório. Essa energia possibilita a queda da água por ação da gravidade. Por isso também é chamada de **energia potencial gravitacional**. Ela acaba sendo transformada em energia elétrica, que será transmitida por cabos em linhas de transmissão para toda a rede elétrica até chegar aos locais de consumo.

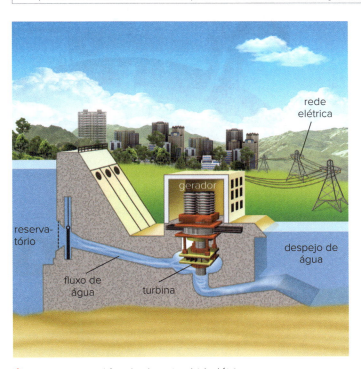

↑ Esquema simplificado de usina hidrelétrica.

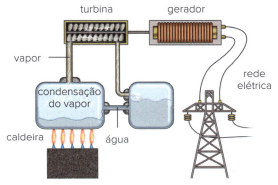

↑ Esquema simplificado de usina termoelétrica.

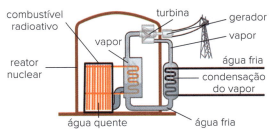

↑ Esquema simplificado de usina nuclear.

Fonte: Instituto de Física – Universidade Federal do Rio Grande do Sul. *Energia nuclear*. Disponível em: www.if.ufrgs.br/tex/fis01043/20021/Elizandra/nuclear.html. Acesso em: 5 jun. 2019.

1. Identifique nos esquemas as usinas que utilizam o movimento da água no estado líquido e as que usam a pressão do vapor de água para a geração de energia elétrica.

2. Identifique a estrutura geradora de energia que todas as usinas elétricas têm em comum. Qual é sua função?

3. Por que é correto dizer que o Sol é a primeira fonte de energia das hidrelétricas?

4. As frases e termos a seguir descrevem etapas da geração de energia em uma hidrelétrica.

> energia mecânica da queda da água
> movimento das turbinas
> movimento do eixo com ímãs
> energia elétrica gerada nas bobinas
> energia potencial da água antes da queda
> rede elétrica
> transformadores

- Analise a imagem da hidrelétrica da página anterior e reescreva essas etapas na ordem correta do percurso da geração de eletricidade.

Como a energia elétrica é gerada nas usinas?

Para entender esse processo, usaremos como exemplo outra forma de gerar energia: a energia mecânica gerada por uma bicicleta. Energia mecânica é a energia gerada pelo movimento. O movimento da roda produz energia para o dínamo (ou gerador) acender a lâmpada da lanterna da bicicleta.

O dínamo da bicicleta tem um ímã conectado à roda. O ímã gira dentro de uma bobina ligada à fiação da lâmpada. Essa bobina é feita com um fio de cobre longo e bem enrolado, de modo a formar um espaço interno. No espaço criado dentro da bobina, um ímã é movimentado repetidamente, sem tocar no fio. Isso gera a corrente elétrica.

↑ Dínamo instalado em roda de bicicleta.

Vamos fazer um gerador de energia? Veja a lista de material e leia atentamente o procedimento para se organizar.

Material:

- 1 rolo de fio fino de cobre esmaltado;
- 1 seringa cujo diâmetro interno permita colocar os ímãs dentro e movimentá-los;
- 4 ímãs do tipo superímã (aproximadamente 1 cm de diâmetro);
- 1 lixa;
- fita adesiva ou isolante;
- 2 lâmpadas de LED, de qualquer cor.

Procedimento

1. Para fazer a bobina, retire o êmbolo de dentro da seringa e enrole o fio no centro da seringa, dando cerca de 600 voltas. Deixe 50 cm de fio solto no começo e no final do processo.

2. Com fita adesiva ou isolante, prenda o fio enrolado na seringa aplicando um pedaço de fita de cada lado, longitudinalmente. Passe a fita perpendicularmente apenas para segurar a bobina. Passe lixa nas duas porções do fio que não foram enroladas para retirar o esmalte.

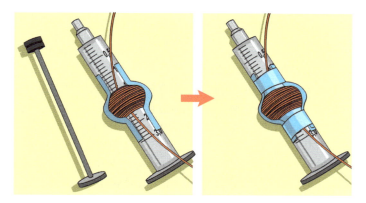

3. Una as lâmpadas de LED enrolando a ponta mais comprida de uma à ponta mais curta da outra, e vice-versa. Una uma dessas junções a uma das pontas de 50 cm de fio de cobre e, em seguida, faça o mesmo com a outra ponta do fio. Obtém-se, assim, um conjunto: a bobina feita de fio de cobre conectada às duas lâmpadas de LED.

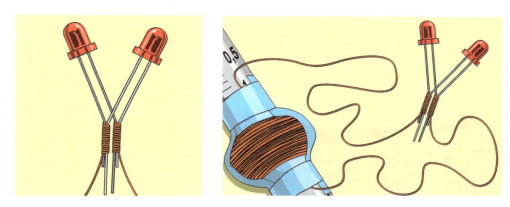

4. Para transformar a bobina em um gerador de energia elétrica, coloque os ímãs no interior oco da seringa, tampe as aberturas com os dedos e chacoalhe. Apague a luz do ambiente e observe o resultado.

Por que isso ocorre?

Quando movemos um ímã perto de um fio de cobre, fazemos os elétrons daquele fio se movimentarem, criando uma corrente elétrica. Se apenas colocarmos o ímã, sem movê-lo, nenhuma energia será gerada.

 **ATENÇÃO!**

Esse experimento deve ser feito com o acompanhamento de um adulto.

Reflita e registre

1. Insira os ímãs dentro da seringa sem movê-los e observe se houve geração de energia elétrica. De acordo com o resultado, responda qual é a importância do movimento dos ímãs.

2. Nenhuma energia é criada, o que ocorre é a transformação de uma forma de energia em outra. Sabendo disso, responda: No gerador montado, qual tipo de energia foi transformada em energia elétrica?

75

Fontes renováveis de energia elétrica

O aquecimento global causa enorme preocupação a todos os países do mundo. Para enfrentá-lo, é preciso diminuir a queima de combustíveis, que liberam gases-estufa na atmosfera.

O esgotamento de recursos naturais e a poluição do ar, que se tornaram ainda mais evidentes no século XXI, exigem a pesquisa de fontes de energia limpa, renováveis e que não agridam o meio ambiente. Devem ser fontes que preservem grandes áreas verdes, não afetem seu ecossistema nem poluam a água e o ar; que não aumentem o efeito estufa e não representem riscos à saúde das populações.

Alternativas "limpas" para produzir energia elétrica têm se consolidado ao longo dos anos, como o uso da energia solar, o aproveitamento do movimento dos ventos (eólica), das marés e até mesmo do calor interno da Terra (geotérmica).

Cada país ou região precisa escolher a estratégia mais adequada para seu uso. É necessário examinar a oferta de recursos naturais em cada lugar para poder utilizá-los da melhor forma.

Já estão em funcionamento em alguns países, incluindo o Brasil, usinas que aproveitam produtos vegetais como combustível para as caldeiras de usinas termoelétricas. Um exemplo é o bagaço de cana-de-açúcar, resíduo do beneficiamento dessa planta cultivada para a produção de açúcar e álcool. Essa energia elétrica é produzida utilizando-se **biomassa** como combustível.

A energia dos ventos e a energia do movimento das marés usada para girar turbinas também estão sendo aproveitadas em vários países e testadas no Brasil. Os estados do Rio Grande do Norte, da Bahia, do Ceará, do Rio Grande do Sul e do Piauí já somam mais de 430 parques de usinas eólicas.

↑ Painéis solares em usina de produção de energia elétrica em Boa Vista das Missões (RS).

Uma das alternativas de energia renovável mais abundante no mundo é a energia solar. Na China e em países da Europa e da América, há grandes usinas solares, nas quais a luz do Sol é transformada em energia elétrica. A tecnologia solar fotovoltaica baseia-se em módulos de painéis expostos à radiação solar, com baterias que armazenam a energia elétrica produzida.

A tendência mundial é que as matrizes energéticas sejam híbridas, ou seja, que possam operar empregando mais de um tipo de recurso. A principal característica dessa tendência é que a maioria das fontes energéticas será renovável.

1. Entre as fontes renováveis que geram energia elétrica, existe alguma que polui o ar?

2. Discuta com os colegas sua opinião sobre as vantagens e dificuldades ou desafios das fontes de energia renováveis. Qual dessas fontes seria mais bem adaptada à região onde vocês vivem?

3. Ao final da discussão, listem as dúvidas que surgirem e as registrem no caderno, em forma de perguntas, para serem respondidas por meio de uma pesquisa que será proposta no decorrer deste projeto.

A energia em artigos de divulgação científica

Para discutir a questão de fontes de energia, vamos ler trechos iniciais de um artigo publicado em uma revista de divulgação científica. A função de textos desse tipo é comunicar descobertas e pesquisas científicas. Eles são constituídos de unidade temática (conteúdo), estrutura (forma de construção) e recursos específicos, como mapas, gráficos e citações de outros autores. Quando publicados na internet, também podem conter *hiperlinks* que remetem o leitor a outros artigos ou imagens relacionadas ao conteúdo.

A origem da maioria das fontes de energia elétrica é o Sol, exceto a da energia geotérmica (proveniente do calor interno do planeta) e da energia nuclear (originada de materiais radioativos). Mas o que se denomina fonte elétrica solar, ou simplesmente energia solar, é a usina fotovoltaica, da qual trata o artigo a seguir.

Antes de ler o artigo, observe título, olho, autor, data, nome da revista e local de publicação. As informações do texto são complementadas por mapas legendados. Ao ler as legendas, anote termos que chamam sua atenção para verificar se são esclarecidos no texto. Anote no caderno suas hipóteses sobre o conteúdo do tema e as informações divulgadas no artigo.

Leia individualmente todo o texto ao menos uma vez, voltando à leitura quantas vezes for necessário para responder às questões propostas na sequência. Anote os termos desconhecidos e procure seu significado em dicionários. O artigo encontra-se completo no endereço eletrônico apontado no final.

Texto 1 – Energia solar

https://revistapesquisa.fapesp.br/2017/08/18/para-aproveitar-o-sol

Para aproveitar o Sol

Estudo indica áreas favoráveis para explorar a energia solar no Brasil

Bruno de Pierro

A produção de energia elétrica por meio de tecnologia solar fotovoltaica no Brasil está crescendo em ritmo acelerado, embora ainda represente menos de 0,02% da matriz de energia elétrica do país. Segundo dados da Agência Nacional de Energia Elétrica (Aneel), a potência instalada no Território Nacional no primeiro trimestre deste ano [2017] atingiu 107,6 megawatts (MW), 15 vezes mais do que a registrada no mesmo período em 2015. Para orientar a expansão da exploração desse tipo de energia no país, o Instituto Nacional de Pesquisas Espaciais (Inpe) lançou a segunda edição do *Atlas brasileiro de energia solar*, que reúne um conjunto de informações acumuladas nos últimos 17 anos sobre a incidência de radiação e os locais mais propícios para a instalação de módulos fotovoltaicos. O documento substitui a primeira versão do atlas, lançada em 2006, que reunia um espectro de informações menor, referentes à década anterior.

Produzido em colaboração com instituições como as universidades federais de São Paulo e de Santa Catarina, a Tecnológica Federal do Paraná e o Instituto Federal de Santa Catarina, o atlas identificou um potencial de geração de energia solar no Brasil que chega a 2281 quilowatts-hora por metro quadrado por ano (kWh/m²/ano), o suficiente para produzir o equivalente a três vezes o consumo residencial anual nos estados da Bahia e de Pernambuco. O estudo reafirma que os maiores valores de irradiação solar ocorrem no chamado Cinturão Solar, faixa que vai do Nordeste ao Pantanal (ver mapa), em especial no sertão da Bahia e em boa parte de Minas Gerais. Uma novidade é a recomendação de que os investimentos em novas plantas [usinas] de geração de energia fotovoltaica busquem também áreas mais ao sul, que abranjam o sudoeste de Minas Gerais, passando pelo noroeste de São Paulo e o norte do Paraná. Embora apresentem níveis de irradiação solar um pouco mais baixos que os do Nordeste, essas áreas têm acesso a mais pontos de conexão com o sistema interligado de transmissão de energia elétrica do país.

"Os estados do Nordeste têm alta incidência solar, mas estão em uma região com menos opções de conexão com a rede nacional de distribuição de energia elétrica. Isso pode inviabilizar projetos na região, porque torna mais cara a interligação dos sistemas fotovoltaicos às redes de distribuição", explica o físico Enio Pereira, pesquisador do Laboratório de Modelagem e Estudos de Recursos Renováveis de Energia do Inpe e coordenador do estudo. Procura-se com isso evitar problemas como os enfrentados na produção de energia eólica no país: "Alguns parques eólicos foram instalados no Nordeste sem linhas de transmissão suficientes. Essa situação acabou impondo a necessidade de novos investimentos no transporte de energia". O custo de implantação da energia solar ainda é alto. Atualmente, são necessários aproximadamente R$ 8 milhões para erguer uma central solar com potência instalada de 1 megawatt (MW). Esse investimento representa em média três vezes mais do que o necessário para construir uma central eólica com a mesma capacidade. O Brasil conta com algumas centrais solares, como a Usina Solar de Tauá, no sertão cearense, e a Usina Solar Cidade Azul, no município de Tubarão, em Santa Catarina. [...]

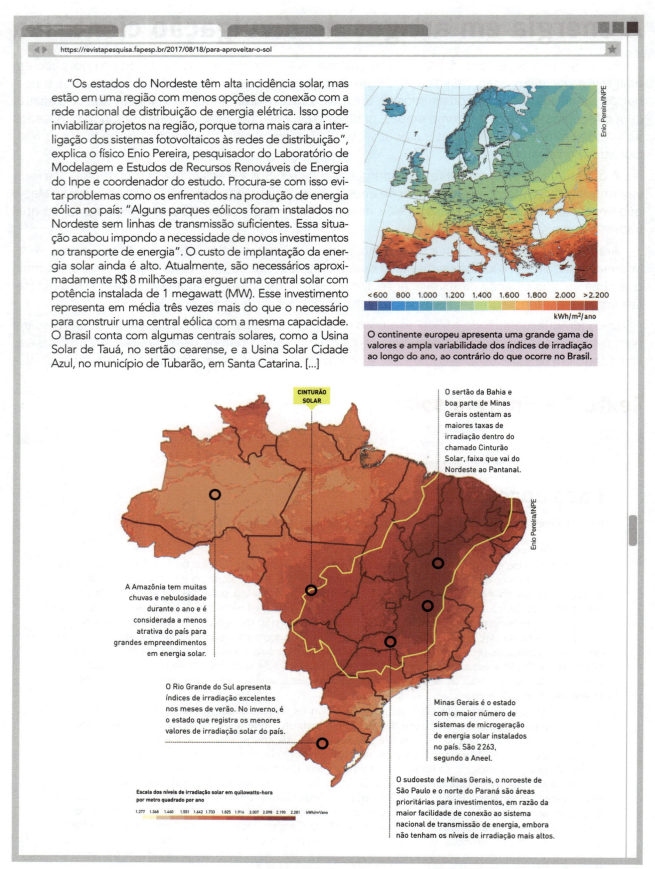

Bruno de Pierro. Para aproveitar o Sol. *Pesquisa Fapesp*, n. 258, p. 35-37, ago. 2017.
Disponível em: https://revistapesquisa.fapesp.br/2017/08/18/para-aproveitar-o-sol. Acesso em: 5 jun. 2019.

1. Quais fontes de informação foram pesquisadas pelo autor para escrever o artigo?

2. Identifique como o texto apresenta inicialmente o crescimento da energia elétrica por meio da tecnologia solar fotovoltaica (painéis solares). Esse potencial permanece o mesmo do começo ao fim do texto?

3. Um significado para o termo **incidência** é: "contato de algo com uma superfície". Pela leitura do texto, pode-se considerar o mesmo sentido para incidência de radiação e para incidência solar? Que pistas o texto dá quanto a isso?

4. Segundo o artigo, o que o estudo reafirma sobre o Cinturão Solar? Que novas informações fornece a respeito dessa questão?

5. Sabendo-se das temperaturas no Nordeste e no Sul do Brasil ao longo do ano, o que se pode entender, em geral, por **valores** e **níveis** nos trechos: "O estudo reafirma que os maiores **valores** de irradiação solar ocorrem no chamado Cinturão Solar" e "Embora apresentem **níveis** de irradiação solar um pouco mais baixos que os do Nordeste"?

6. A conjunção **mas** no início do último parágrafo indica uma oposição de ideias sobre os estados do Nordeste.
   a) Qual é essa oposição?
   b) Que conjunções podem substituir essa expressão mantendo-se o sentido do texto?

7. O texto compara a produção de energia eólica com a de energia solar. Identifique os elementos textuais que possibilitam identificar:
   a) a semelhança;
   b) a diferença.

8. O autor do artigo é quem fez a pesquisa sobre energia ou quem divulga o conhecimento?

Texto 2 – Energia maremotriz

O artigo anterior pertence a determinado campo do jornalismo – o jornalismo científico. Há quem diga que os jornalistas da área de Ciências são imprescindíveis no processo de consolidação da cultura da ciência, porque divulgam informações sobre ciência e tecnologia pelos meios de comunicação de massa. A maioria de nós teria mais dificuldade de compreender um texto acadêmico com termos muito específicos, por exemplo.

Muitas informações são incorporadas pela população em geral por meio dessa divulgação. Por exemplo, o DNA (sigla em inglês do ácido desoxirribonucleico, molécula presente no núcleo das células de todos os seres vivos) era totalmente desconhecido pela população há 20 anos, mas já era conhecido no meio científico desde a década de 1950.

Isso também ocorre com o termo **ecologia**, que se popularizou na década de 1990, mas é um campo de conhecimento que existe como especialidade desde a década de 1960.

Leia na próxima página um pequeno artigo de divulgação científica sobre energia maremotriz (ou seja, das marés) e observe a ilustração sobre o tema para auxiliar a leitura.

79

Como gerar energia a partir das ondas do mar?

Existem dois métodos para isso, e um deles é criação brasileira

Existem duas formas: o princípio mais tradicional, usado em alguns países da Europa, no Japão e na Austrália, é uma espécie de caixa de concreto semissubmersa no oceano. Nesse tipo de usina, que lembra um grande copo de cabeça para baixo, as ondas criam um fluxo de ar que faz uma turbina girar. O outro princípio, ainda em fase de testes, é uma criação brasileira.

Usina de ondas geradora de energia elétrica em São Gonçalo do Amarante (CE).

Na invenção nacional, as oscilações do mar movimentam bombas hidráulicas, impulsionando a água de um reservatório também para girar uma turbina. Pesquisadores da Universidade Federal do Rio de Janeiro (UFRJ) planejam inaugurar ainda neste ano os primeiros módulos de uma usina desse tipo no Porto de Pecém, no Ceará. "Nessa região, as ondas são mais regulares, facilitando a geração de energia", diz o engenheiro Eliab Ricarte, da UFRJ. Se a experiência funcionar, o mar de nossa costa pode gerar cerca de 30 gigawatts, 10% da demanda de energia do país". [...]

Usina europeia usa as ondas para gerar um sopro de ar

Nesse sistema, as ondas do mar criam uma espécie de "sopro" para gerar energia. Quando a água entra no fundo da câmara de concreto (na hora da crista da onda), o ar existente dentro da usina é comprimido – é como se ele fosse "empurrado" para cima.

No topo da usina, esse ar "empurrado" encontra uma turbina e a faz girar como um cata-vento. A turbina fica acoplada a um gerador, que converte a energia mecânica do giro em eletricidade.

Quando o nível da água abaixa (ou seja, na hora da base da onda), o volume de ar na câmara se expande – é como se ele fosse "sugado" para baixo. Novamente, esse movimento do ar faz a turbina girar – e o gerador converte esse giro em eletricidade.

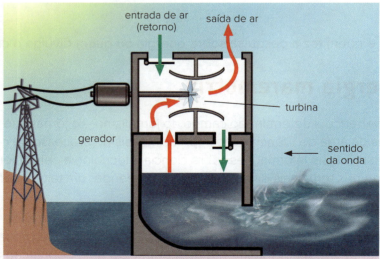

Esquema simplificado de geração de energia elétrica por meio das ondas do mar.

Fonte: Instituto de Física da Universidade de São Paulo (USP) – Cepa. Disponível em: www.cepa.if.usp.br/energia/energia1999/Grupo4B/Eneralte/ondas.htm. Acesso em: 5 jun. 2019.

Viviane Palladino. Como gerar energia a partir das ondas do mar? *Superinteressante*, 4 jul. 2018. Disponível em: https://super.abril.com.br/mundo-estranho/como-gerar-energia-a-partir-das-ondas-do-mar. Acesso em: 5 jun. 2019.

VAMOS APROFUNDAR

1. Observe a progressão do tema no artigo e responda às questões a seguir.
   a) Como a informação é apresentada inicialmente no título e no lide?
   b) O que é acrescentado nos parágrafos seguintes?
   c) Como o artigo é concluído, antes do quadro em destaque?
   d) O que o quadro acrescenta ao texto?
   e) Como a ilustração complementa o texto?

2. Agora forme dupla com um colega. Com base na leitura anterior, resuma o conhecimento obtido com o texto, relendo-o quantas vezes for necessário. O objetivo é divulgar as informações dele ao colega. Apresentem os textos escritos um ao outro, leiam-nos e façam uma apreciação crítica em relação à clareza das informações e à progressão do tema. Após a avaliação em dupla, refaça o texto e inclua os apontamentos no caderno para melhorá-lo.

VAMOS AGIR

A divulgação científica audiovisual

1. Assista na TV ou na internet a algum programa ou vídeo de divulgação de um tema científico pelo qual você se interesse (universo, saúde, energia, agricultura, ambiente). É importante que seja possível revê-lo.

2. Perceba como o apresentador ou narrador desenvolve o assunto. Observe os recursos que ele usa para chamar a atenção do espectador – volume e tom de voz, expressão facial, gestos, palavras ou expressões que se destacam, como acentuam ou atenuam algum aspecto.

3. Depois da análise, assista ao programa novamente, mas, desta vez, com o objetivo de preparar uma apresentação sobre ele. Observe como as informações se mostram e são ampliadas, que termos são utilizados para isso e como você pode reproduzir os recursos de voz e de gestos.

4. Traga sua produção para a sala de aula e forme dupla com um colega. Um ouvirá a apresentação oral do outro e ambos devem avaliá-las de acordo com os critérios da preparação apresentados pelo professor.

ETAPA (2) FAZENDO ACONTECER

De acordo com o que estudamos até o momento, fontes de energia elétrica renováveis, além das hidrelétricas, têm se desenvolvido bastante no Brasil, embora ainda sejam utilizadas fontes não renováveis. A diversidade de alternativas é grande. Antes de iniciar esta etapa, reúna os saberes acumulados até aqui e procure responder à questão norteadora da seção **Direto ao ponto**:

Existe uma fonte de energia elétrica melhor para todos?

A fim de desenvolver as propostas a seguir, reúnam-se em grupos para que cada um investigue uma das fontes de energia elétrica. Desse modo, vocês podem aprofundar o conhecimento sobre cada fonte de energia elétrica, organizar o texto coletivo, formalizar opiniões acerca de cada uma e organizar a apresentação oral.

Orientações gerais

1. Cada grupo deverá escolher uma fonte de energia para pesquisar e reunir as seguintes informações:
   - dados do percurso histórico dessa forma de energia no Brasil desde sua implementação;
   - descrição do estágio atual de desenvolvimento da fonte de energia pesquisada, inclusive no mundo, retomando dados dos gráficos anteriores e acrescentando informações;
   - possível relação da fonte de energia pesquisada com o Sol;
   - tipos de energia de origem hidrelétrica ou termelétrica, detalhamento do funcionamento da usina e descrição do que possibilita o movimento das turbinas;
   - destaque para os efeitos sociais e ambientais relacionados à utilização da energia investigada ou à construção e operação da usina.
2. Organizar as informações coletadas em um quadro-resumo com cinco colunas: nome da energia pesquisada; relação com o Sol; o que move as turbinas; tipos de usina; efeitos sociais e ambientais.

PROPOSTA INVESTIGATIVA 1

ENERGIA DE COMBUSTÍVEIS FÓSSEIS

Meta

Aprofundar o conhecimento sobre energia elétrica derivada de combustíveis fósseis.

Primeira fase

Individualmente

1. Nesse momento, cada membro do grupo deverá explorar o conteúdo por meio dos textos a seguir.

Carvão mineral e gás natural são os combustíveis fósseis não renováveis mais utilizados na geração de energia. Assim como o petróleo, levam milhares de anos para ser produzidos pela natureza.

Um dia, essas fontes se tornarão escassas e a dependência desses produtos acarretará graves consequências para as sociedades. Além disso, sua queima para gerar energia é responsável pela emissão de enormes quantidades de gases relacionados ao aquecimento global e à formação de chuva ácida.

Energia termelétrica: gás natural, biomassa, carvão, nuclear

[...] Em particular, devido à expansão das fontes renováveis intermitentes, como eólica e solar, a termelétrica a gás natural tem sido apontada como uma tecnologia adequada para ser acionada nos períodos de indisponibilidade da geração a partir dos ventos e do Sol. [...] um dos principais desafios ao aproveitamento dessa fonte é a disponibilidade do gás natural e a que preço. Incertezas como a necessidade de expansão da infraestrutura de transporte de gás vinculada à oferta do combustível [...] podem afetar a expansão da geração termelétrica a gás natural e levar à necessidade de utilização de outros combustíveis, como o óleo diesel e o carvão mineral, [...] ou outras fontes de energia menos favoráveis em termos econômicos ou ambientais.

[...] trata da geração termelétrica a carvão mineral que, em função dos seus impactos ambientais, tem sido fortemente questionada em todo o mundo. O desenvolvimento de tecnologias com maior eficiência de conversão de energia tem se mostrado essencial para o maior aproveitamento da fonte, uma vez que a intensidade de emissões de gases produtores do efeito estufa do carvão é significativamente superior à de outros combustíveis, como o gás natural. [...]

[...] a disponibilidade de reservas dessa fonte fóssil [no Brasil] e o desenvolvimento de tecnologias menos poluentes sugerem que a geração térmica a carvão apresente um grande potencial de expansão [...].

O principal desafio para o aproveitamento dessa fonte diz respeito ao impacto relativo às emissões atmosféricas e à implantação de tecnologia de mitigação de impactos ambientais.

Mauricio Tiomno Tolmasquim (coord.). *Energia termelétrica: gás natural, biomassa, carvão, nuclear.* Rio de Janeiro: EPE, 2016. p. 9-10.

2. Complete o roteiro das **Orientações gerais** e pesquise outras fontes de divulgação científica, como revistas, programas de TV, vídeos, *sites*, livros escolares e paradidáticos.

3. Registre a pesquisa utilizando as habilidades trabalhadas na **Etapa 1** para elaborar um texto com informações científicas.

Em grupo

4. Verifiquem se já estão em funcionamento termoelétricas a carvão mineral ou a gás natural para fornecer energia ao município onde moram.

5. Dividam entre si a tarefa de elaborar os textos finais que completarão o quadro-resumo, o que possibilitará organizar as pesquisas individuais.

APOIO

Empresa de Pesquisa Energética: www.epe.gov.br. Esta instituição é gerida pelo Ministério das Minas e Energia do Brasil. Você pode navegar pelas páginas do *site* e buscar artigos relacionados aos tópicos de sua pesquisa.

Segunda fase

1. Organizem as pesquisas elaboradas em um texto com o propósito de divulgar as informações e torná-las acessíveis.

2. Elaborem uma conclusão sobre a fonte de energia elétrica pesquisada, suas vantagens e/ou desvantagens considerando, por um lado, a intervenção no ambiente e os custos social e econômico e, por outro, a produção de energia elétrica e o benefício social.

3. Recorram a *sites* confiáveis em que constem opiniões fundamentadas sobre as diferentes fontes de energia. Essa prática propiciará a vocês mais argumentos para defender ou não a fonte pesquisada, considerando o melhor para sua região.

4. Preparem e ensaiem uma apresentação oral dos resultados da investigação aproveitando as observações dos audiovisuais da **Etapa 1**.

PROPOSTA INVESTIGATIVA 2
ENERGIA DE BIOMASSA

Meta

Aprofundar o conhecimento sobre energia elétrica derivada de biomassa.

Primeira fase

Individualmente

1. Nesse momento, cada membro do grupo deverá explorar o conteúdo por meio dos textos a seguir.

> Do ponto de vista energético, biomassa é todo recurso renovável oriundo de matéria orgânica (de origem animal ou vegetal) que pode ser utilizado na produção de energia. Assim como a energia hidráulica e outras fontes renováveis, a biomassa é uma forma indireta de energia solar. Isso porque a energia solar é convertida em energia química por meio da fotossíntese, base dos processos biológicos de todos os seres vivos.
>
> A eficiência da biomassa é reduzida. Entretanto, sua principal vantagem é que pode ser aproveitada diretamente por meio da combustão em fornos, caldeiras etc.
>
> A biomassa vem sendo cada vez mais utilizada na geração de eletricidade, principalmente em sistemas de cogeração, ou seja, somada a outra fonte energética, e também no suprimento de eletricidade para demandas isoladas da rede elétrica, como o fornecimento para determinadas indústrias.

Participação de usinas de cana na geração de energia do país poderia ser seis vezes maior

Pode parecer lixo, mas o bagaço de cana é um combustível e tanto para a geração de energia. Todas as 432 usinas de açúcar e álcool do Brasil já usam o recurso, e não precisam comprar eletricidade de qualquer concessionária para funcionar. Só que elas poderiam fazer ainda melhor. Com o equipamento adequado, uma empresa de médio porte poderia gerar um excedente capaz de abastecer uma cidade de 200 mil habitantes.

A conta foi feita pelo engenheiro elétrico Fernando Alves dos Santos, na tese de mestrado que apresentou em novembro à Escola Politécnica da USP. Se todas as usinas do país aproveitassem ao máximo seus restos de bagaço para produzir energia, elas gerariam o dobro do que sai das duas usinas nucleares de Angra somadas.

Além de ter um custo menor, a geração de energia por biomassa ainda tem uma vantagem ambiental. O carvão mineral, a que o governo recorreu este ano para suprir o aumento da demanda energética nacional, coloca na atmosfera 800 quilos de CO_2 por MWh. No caso do bagaço, a emissão é praticamente zero. "A parcela de CO_2 emitida durante a queima é absorvida pela própria lavoura", diz Santos. [...]

André Bernardo. Participação de usinas de cana na geração de energia do país poderia ser seis vezes maior. *Galileu*. Disponível em: http://revistagalileu.globo.com/Revista/Common/0,,ERT326727-18537,00.html. Acesso em: 5 jun. 2019.

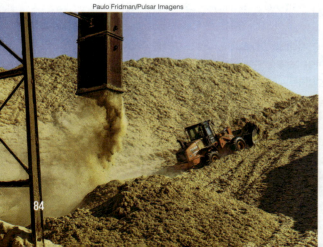

← Trator em "montanha" de bagaço de cana-de-açúcar, que será queimado em fornalhas para produção de energia elétrica. Valparaíso (SP).

→ Usina termoelétrica de biomassa de cana-de-açúcar. Pirassununga (SP).

Vinhaça para gerar energia

Além de fertilizante, resíduo do etanol poderá ser utilizado para produzir eletricidade

[...] Em 2014, foram gerados no Brasil cerca de 280 bilhões de litros de vinhaça, um resíduo da produção de etanol. Quase a totalidade desse volume (97%) foi usada como fertilizante e irrigação nas próprias lavouras de cana-de-açúcar. O problema é que essa prática causa impacto ambiental e desperdiça potenciais usos mais nobres do produto, como, por exemplo, a geração de energia elétrica. A transformação da vinhaça em biogás por meio de biodigestores pode vir a mudar esse panorama [...].

"O que queremos é transformar a matéria orgânica da vinhaça por meio de uma cultura de microrganismos em biogás", diz [Marcelo] Zaiat. [...] Após tratamento adequado, o biogás pode ser utilizado para geração de energia elétrica ao movimentar a turbina de um gerador. [...].

Evanildo da Silveira. Vinhaça para gerar energia. *Pesquisa Fapesp*, n. 238, dez. 2015. Disponível em: http://revistapesquisa.fapesp. br/2015/12/15/vinhaca-para-gerar-energia/. Acesso em: 24 jun. 2019.

2. Complete o roteiro das **Orientações gerais** e pesquise outras fontes de divulgação científica, como revistas, programas de TV, vídeos, *sites*, livros escolares e paradidáticos.

3. Registre a pesquisa utilizando as habilidades trabalhadas na **Etapa 1** para elaborar um texto com informações científicas.

Em grupo

4. Verifiquem se já estão em funcionamento termoelétricas à base de biomassa para fornecer energia ao município onde moram, principalmente se a região for produtora de álcool e açúcar.

5. Dividam entre si a tarefa de elaborar os textos finais que completarão o quadro-resumo, o que possibilitará organizar as pesquisas individuais.

> ### APOIO
>
> **Atlas de energia elétrica do Brasil: Biomassa** (Agência Nacional de Energia Elétrica). Publicação traz dados e demais explicações sobre a biomassa como geradora de energia elétrica. Disponível em: www2.aneel.gov.br/arquivos/pdf/atlas_par2_cap4.pdf. Acesso em: 5 jun. 2019.

Segunda fase

Em grupo

1. Organizem as pesquisas elaboradas em um texto com o propósito de divulgar as informações e torná-las acessíveis.

2. Elaborem uma conclusão sobre a fonte de energia elétrica pesquisada, suas vantagens e/ou desvantagens considerando, por um lado, a intervenção no ambiente e os custos social e econômico e, por outro, a produção de energia elétrica e o benefício social.

3. Recorram a *sites* confiáveis, em que constem opiniões fundamentadas sobre as diferentes fontes de energia. Essa prática propiciará a vocês mais argumentos para defender ou não a fonte pesquisada, considerando o melhor para sua região.

4. Preparem e ensaiem uma apresentação oral dos resultados da investigação aproveitando as observações dos audiovisuais da **Etapa 1**.

PROPOSTA INVESTIGATIVA 3
ENERGIA NUCLEAR

> **Meta**
> Aprofundar o conhecimento sobre energia elétrica derivada de energia nuclear.

Primeira fase

Individualmente

1. Nesse momento, cada membro do grupo deverá explorar o conteúdo por meio dos textos a seguir.

> Quando a Segunda Guerra Mundial acabou, após o lançamento de bombas atômicas em 1945 sobre o Japão, começaram as pesquisas sobre usos pacíficos para essa forma de energia recém-dominada. Hoje a energia atômica ou nuclear é importante na medicina – diagnóstico e tratamento de câncer, por exemplo – e na geração de energia elétrica. Só na França, três quartos da energia consumida vêm de usinas nucleares. No Brasil, as usinas nucleares de Angra dos Reis, no Rio de Janeiro, são criticadas há tempos pelos ambientalistas.
>
> As preocupações com a energia nuclear são muitas. Vão desde os problemas ecológicos causados durante a mineração do urânio até o temor de um desastre na usina. O aproveitamento do combustível atômico, o urânio enriquecido, gera o que chamamos de **lixo atômico**, que deve ser armazenado de forma apropriada, pois ainda emite radiação, que causa infertilidade, câncer e morte.
>
> Além disso, a água do mar ou do rio que abastece a usina, embora não possua radiatividade, tem aquecimento constante, perturbando o equilíbrio ecológico dos ecossistemas aquáticos.
>
> É, sem dúvida, a fonte de energia elétrica que provoca mais polêmica, pois existem tanto argumentos contra quanto a favor – ambos com base em informações científicas.

A favor das usinas nucleares

A falta de informação leva a população a tratar a energia nuclear com maior apreensão do que a dispensada a outras fontes de energia. Existem de fato riscos relacionados à energia nuclear, assim como existem riscos associados a todo tipo de fonte geradora de energia. Na percepção do público, porém, o risco nuclear está associado a explosões nucleares e efeitos térmicos, que não foram relevantes em nenhum acidente nuclear, incluindo Chernobyl e Fukushima. Além disso, a concentração de urânio radioativo (235U) não ultrapassa os 5% numa usina, não podendo ser comparada a bombas atômicas, onde essa concentração chega a 90%.

↑ Usinas Nucleares Angra 1 e 2, em Angra dos Reis (RJ).

Além da segurança, outros fatores que causam estranhamento são a geração de rejeitos e possíveis impactos ambientais da geração nuclear. Esses riscos não são tão elevados quanto se acredita, especialmente em se considerando os modelos mais modernos de reatores. A desinformação a respeito dessas questões acaba por prejudicar o desenvolvimento nuclear brasileiro, causando uma série de prejuízos econômicos e ambientais para o país. [...]

Renata Hamilton de Ruiz e Felipe Gonçalves. *Energia nuclear*, FGV Energia, ano 6, n. 3, p. 37, abr. 2016. Disponível em: https://fgvenergia.fgv.br/sites/fgvenergia.fgv.br/files/pdf_fgv-energia_web.pdf. Acesso em: 5 jun. 2019.

Argumentos contra as usinas nucleares

Questão ambiental

[...]

Em operação rotineira, as centrais nucleares pouco agridem o meio ambiente, porém expõem a sociedade ao risco de acidentes que liberam na biosfera produtos de fissão nuclear de alta radioatividade, que podem trazer consequências catastróficas a vida. Embora pequeno, tal risco existe, e não pode ser negligenciado. Ademais, essas usinas não resolveram o problema do que fazer com os rejeitos de alta radioatividade, cuja deposição final demanda pesados investimentos. Estima-se que estes rejeitos tenham de ficar isolados durante milhares de anos.

Na geração da eletricidade nuclear a produção de CO_2 é muito pequena, mas se levarmos em conta o conjunto de etapas do processo industrial (chamado ciclo do combustível nuclear), que transforma o mineral urânio, desde quando ele é encontrado nas minas em estado natural até sua utilização como combustível dentro de uma usina nuclear são produzidas quantidades consideráveis de gases de efeito estufa. [...]

Riscos

[...]

Sempre há um risco de contaminação com radiação, independente se a usina nuclear funciona perfeitamente com um bom sistema de segurança. Emissão de isótopos radiativos de césio e estrôncio sempre acontece. Isso é uma contaminação "normal", conhecida na linguagem internacional como contaminação "standard" das usinas nucleares. Acidentes com vazamento de radioatividade já aconteceram em várias usinas nucleares no mundo. A população sofre mais tarde de doenças graves como leucemia, aumentando o nível de mortandade. Além da contaminação do lençol freático e das terras se tornarem impróprias ao plantio e criação de animais. E mais: parte do lixo nuclear produzido na usina precisa ser depositado de forma totalmente isolada do meio ambiente em um período de tempo que pode chegar a mais de 240 mil anos. E até agora a tecnologia para garantir isso de forma perfeita ainda não existe.

[...] Ainda não foi encontrada uma solução satisfatória para o tratamento dos resíduos, hoje armazenados em locais temporários. Este é um pesado legado para as gerações futuras. [...]

Heitor Scalambrini Costa. Argumentos contra a energia nuclear. *Instituto Humanitas Unisinos*, 14 mar. 2011. Disponível em: www.ihu. unisinos.br/173-noticias/noticias-2011/41379-argumentos-contra-as-usinas-nucleares. Acesso em: 5 jun. 2019.

2. Complete o roteiro das **Orientações gerais** e pesquise outras fontes de divulgação científica, como revistas, programas de TV, vídeos, *sites*, livros escolares e paradidáticos.

3. Registre a pesquisa utilizando as habilidades trabalhadas na **Etapa 1** para elaborar um texto com informações científicas.

Em grupo

4. Verifiquem as localidades do Brasil que recebem energia fornecida por termoelétrica nuclear. Também identifique, nos artigos pesquisados, qual tende a ser o futuro dessas usinas.

5. Dividam entre si a tarefa de elaborar os textos finais que completarão o quadro-resumo, o que possibilitará organizar as pesquisas individuais.

APOIO

Eletronuclear: www.eletronuclear.gov.br. *Site* da Eletrobras com foco na energia nuclear. Apresenta informações sobre as usinas instaladas no país.

Os riscos da energia nuclear, de José Goldemberg. *Com Ciência*, 10 dez. 2008. A página traz um artigo do professor da Universidade de São Paulo (USP) expondo sua avaliação das usinas nucleares. Disponível em: www.comciencia.br/comciencia/handler.php?section=8&edicao=41&id=493. Acesso em: 5 jun. 2019.

Segunda fase

Em grupo

1. Organizem as pesquisas elaboradas em um texto, com o propósito de divulgar as informações e torná-las acessíveis.

2. Elaborem uma conclusão sobre a fonte de energia elétrica pesquisada, suas vantagens e/ou desvantagens considerando, por um lado, a intervenção no ambiente e os custos social e econômico e, por outro, a produção de energia elétrica e o benefício social.

3. Recorram a *sites* confiáveis, em que constem opiniões fundamentadas sobre as diferentes fontes de energia. Essa prática propiciará a vocês mais argumentos para defender ou não a fonte pesquisada, considerando o melhor para sua região.

4. Preparem e ensaiem uma apresentação oral dos resultados da investigação aproveitando as observações dos audiovisuais da **Etapa 1**.

PROPOSTA INVESTIGATIVA 4

ENERGIA SOLAR

> **Meta**
> Aprofundar o conhecimento sobre energia elétrica derivada de energia solar.

Primeira fase

Individualmente

1. Nesse momento, cada membro do grupo deverá explorar o conteúdo por meio dos textos a seguir.

Há duas tecnologias muito diferentes para o aproveitamento da energia solar: o coletor solar e a usina fotovoltaica.

O coletor de energia térmica solar serve para o aquecimento da água ou do ar em casas ou prédios industriais, comerciais, escolares e outros. Com um processo relativamente simples, seu funcionamento segue o mesmo princípio das estufas de plantas. Geralmente, o uso de coletores solares térmicos reduz muito os gastos com energia elétrica, embora não haja transformação de energia solar em elétrica.

A usina solar transforma a energia solar em energia elétrica em painéis chamados fotovoltaicos, capazes de abastecer desde uma casa até uma cidade. Baterias armazenam a energia elétrica obtida pelos painéis durante as horas do dia com insolação suficiente. Contudo, em dias nublados, a eficiência do sistema solar cai muito. Leia a seguir a continuação do artigo abordado na **Etapa 1**.

Para aproveitar o Sol

Estudo indica áreas favoráveis para explorar a energia solar no Brasil

[...] O Brasil, mostra o estudo, tem uma distribuição bastante uniforme de irradiação solar, que varia pouco na geografia do país. Uma exceção é a região amazônica, que tem muitas chuvas durante o ano e, por isso, não desperta interesse para grandes empreendimentos em energia solar. "A nebulosidade na Amazônia tem impacto negativo sobre a geração de energia em centrais solares", afirma [Enio] Pereira [pesquisador do Laboratório de Modelagem e Estudos de Recursos Renováveis de Energia do Inpe].

Isso não impede que projetos de microgeração fotovoltaica, modelo baseado em painéis instalados nos telhados das casas, sejam implementados na região, alerta. A física Izete Zanesco, pesquisadora do Núcleo de Tecnologia em Energia Solar da Pontifícia Universidade Católica do Rio Grande do Sul (PUC-RS), salienta que o planejamento do setor deve levar em consideração as áreas que ficaram de fora do Cinturão Solar. "Como o Brasil tem níveis favoráveis de irradiação solar em todo o território, módulos fotovoltaicos podem ser instalados em residências ou empresas em qualquer lugar do país", afirma. Já no caso de grandes centrais fotovoltaicas, ela reconhece que é mais produtivo seguir as informações do Atlas e instalá-las nas regiões com maior incidência solar.

A Aneel projeta para 2024 mais de 800 mil residências no Brasil produzindo a própria energia elétrica por meio de fonte solar. [...] A maioria desses sistemas concentra-se nos estados de Minas Gerais, São Paulo, Rio Grande do Sul e Paraná. Um dos motivos do crescimento são as recentes mudanças na legislação e a regulamentação do setor, que permitiram que o excedente de captação de energia solar gerado, por exemplo, em residências, possa ser distribuído para a rede de eletricidade, gerando um desconto na fatura de energia dos produtores domésticos. Algumas empresas já transformam esse excedente em um crédito a favor do consumidor, como é o caso da CPFL Energia na região de Campinas. Outro fator é que o preço dos sistemas fotovoltaicos caiu significativamente na última década, em parte devido à entrada da China no mercado fornecedor. "Hoje, mais de 80% dos módulos fotovoltaicos são produzidos na Ásia, especialmente na China, que também é o país que mais instala esses equipamentos", explica o físico Arno Krenzinger, pesquisador da Universidade Federal do Rio Grande do Sul (UFRGS). De acordo com ele, o barateamento das placas pode favorecer a consolidação de mais empreendimentos no país, caso haja também políticas de incentivos mais fortes. "O Brasil depende da importação de células solares, um componente tecnológico dos módulos. Há grupos de pesquisa desenvolvendo esse material no país, mas não em escala industrial." Mesmo mais acessível, trata-se de uma tecnologia cara para o consumidor comum. [...]

↑ Painéis de energia solar em telhado de residência no Rio de Janeiro (RJ).

O *Atlas* [*Brasileiro de Energia Solar*] identificou uma tendência de aumento da irradiação solar em quase todas as regiões do país. [...] A exceção é a região Sul, que apresentou uma redução da incidência de radiação solar. [...] "Ainda assim, mesmo no local menos ensolarado do Brasil é possível gerar mais eletricidade solar do que no local mais ensolarado da Alemanha, um dos países mais avançados no uso dessa energia", afirma Enio Pereira. De acordo com o pesquisador, os mecanismos físicos associados ao fenômeno ainda são pouco compreendidos.

O estudo do Inpe também aponta tendências tecnológicas ligadas à energia solar que poderiam ser mais exploradas no país. Uma delas é a energia heliotérmica, em que a radiação solar é captada e armazenada em forma de calor – Espanha e Estados Unidos são alguns dos países que usam essa tecnologia. "Trata-se de um processo em que se utiliza a energia solar para aquecer um fluido, que passa por uma caldeira e gera vapor na usina termelétrica", explica Enio Pereira, do Inpe. O *Atlas* também recomenda a expansão do uso da energia solar para aquecimento de água a temperaturas abaixo de 100 °C, em substituição a sistemas de aquecimento elétrico ou a gás, como chuveiros.

Bruno de Pierro. Para aproveitar o Sol. *Pesquisa Fapesp*, n. 258, p. 35-37, ago. 2017. Disponível em: https://revistapesquisa.fapesp. br/2017/08/18/para-aproveitar-o-sol. Acesso em: 5 jun. 2019.

2. Complete o roteiro das **Orientações gerais** e pesquise outras fontes de divulgação científica, como revistas, programas de TV, vídeos, *sites*, livros escolares e paradidáticos.

3. Registre a pesquisa utilizando as habilidades trabalhadas na **Etapa 1** para elaborar um texto com informações científicas.

Em grupo

4. Verifiquem se já estão em funcionamento usinas produtoras de energia solar para fornecer eletricidade ao município onde moram. É mais provável que haja se sua região estiver localizada no Cinturão Solar.

5. Dividam entre si a tarefa de elaborar os textos finais que completarão o quadro-resumo, o que possibilitará organizar as pesquisas individuais.

APOIO

Cliente do setor elétrico pode se tornar pequeno produtor, de Maria Fernanda Ziegler. *Agência Fapesp*, 1º ago. 2018. Reportagem mostra que pessoas que têm painéis de energia solar instalados em sua residência podem comercializar seus excedentes para as companhias de energia elétrica locais. Disponível em: http://agencia.fapesp.br/cliente-do-setor-eletrico-pode-se-tornar-pequeno-produtor/28357/. Acesso em: 5 jun. 2019.

Segunda fase

Em grupo

1. Organizem as pesquisas elaboradas em um texto com o propósito de divulgar as informações e torná-las acessíveis.

2. Elaborem uma conclusão sobre a fonte de energia elétrica pesquisada, suas vantagens e/ou desvantagens considerando, por um lado, a intervenção no ambiente e os custos social e econômico e, por outro, a produção de energia elétrica e o benefício social.

3. Recorram a *sites* confiáveis, em que constem opiniões fundamentadas sobre as diferentes fontes de energia. Essa prática propiciará a vocês mais argumentos para defender ou não a fonte pesquisada, considerando o melhor para sua região.

4. Preparem e ensaiem uma apresentação oral dos resultados da investigação aproveitando as observações dos audiovisuais da **Etapa 1**.

PROPOSTA INVESTIGATIVA 5
ENERGIA EÓLICA

> **Meta**
> Aprofundar o conhecimento sobre energia elétrica derivada de energia eólica.

Primeira fase

Individualmente

1. Nesse momento, cada membro do grupo deverá explorar o conteúdo por meio dos textos apresentados a seguir.

> Até dez anos atrás, montar usinas eólicas era um investimento muito inovador e pouco conhecido. Atualmente, esse tipo de energia gera quase o mesmo volume de Itaipu, a maior hidrelétrica brasileira, uma das maiores do mundo e que fornece cerca de 15% de toda a energia consumida no Brasil e 86% da consumida no Paraguai.
>
> As turbinas eólicas são baseadas nos antigos moinhos de vento, que, durante séculos na Europa, moeram o trigo para fazer farinha ou drenaram água das chuvas para o mar.
>
> A paisagem de um parque eólico com vários cata-ventos gigantes está cada vez mais comum no Brasil. Ao que parece, os aerogeradores, como são chamadas as grandes torres com pás que produzem energia elétrica, vieram para ficar, pois representam uma forma de energia limpa e que usa um recurso renovável absolutamente sem custo: o vento.

Potencial eólico em terra do Brasil pode ser seis vezes maior do que o estimado

Uma revisão do potencial eólico *onshore* ("em terra") do Brasil, realizada em resposta ao aumento da altura das torres de geração energética, aponta que o país pode ter uma capacidade seis vezes maior de produzir energia a partir dos ventos do que o estimado no último grande levantamento nacional, o *Atlas do Potencial Eólico Brasileiro*, lançado em 2001.

[...]

"O *Atlas do Potencial Eólico Brasileiro* foi feito com a estimativa do uso de torres de 50 metros de altura. Hoje, temos torres acima de 100 metros, que ampliam o potencial tecnicamente viável de exploração de 143 gigawatt para 880 gigawatt", disse o coordenador da pesquisa, Ênio Bueno Pereira, do Instituto Nacional de Pesquisas Espaciais (Inpe). "Além disso, consideramos uma expansão das áreas que se tornam economicamente viáveis para a instalação das torres."

Embora no Brasil a produção de energia eólica ainda seja restrita, Pereira aponta que o país é o quarto no mundo em termos de expansão da capacidade eólica instalada, perdendo apenas para China, Estados Unidos e Alemanha.

"É um movimento importante, em um momento em que se busca a diminuição da emissão de gases de efeito estufa, menor dependência de combustíveis fósseis e garantia de segurança energética", disse.

↑ Torres geradoras de energia em usina eólica na Praia de Mundaú, em Trairi (CE).

No campo da energia eólica, o subprojeto Energias Renováveis também estuda o potencial *offshore* ("em mar"), buscando avaliar a zona costeira brasileira, particularmente na Região Nordeste; a viabilidade de exploração em áreas de reservatórios hidrelétricos; a previsão da capacidade de geração, visando aprimorar as estimativas calculadas em dias e horas de antecedência; e a densidade de potência estimada até o final do século.

Sobre esse último tema, modelos revelam tendência de aumento dos ventos em determinadas porções do norte da Região Nordeste. "Embora pareça uma notícia interessante, ventos intensos e rajadas nem sempre são bons para o sistema de geração de energia eólica, que pode sofrer danos estruturais", disse Pereira. [...]

Segundo o pesquisador, em temos de potencial teórico, fontes eólicas e solares seriam capazes de suprir toda a demanda energética nacional. Contudo, ainda é necessário ultrapassar obstáculos financeiros e de conhecimento.

"O problema do custo vem sendo superado pela evolução tecnológica, tanto que esses dois tipos renováveis já são competitivos com a energia termelétrica. Já a barreira do conhecimento é aquela que ainda impede investidores de ter mais interesse na geração eólica e solar. É o que o nosso projeto tenta enfrentar, investigando e disseminando dados científicos sobre os verdadeiros potenciais dessas energias", disse.

Noêmia Lopes. Potencial eólico em terra do Brasil pode ser seis vezes maior do que o estimado. *Agência Fapesp*, 3 out. 2016. Disponível em: http://agencia.fapesp.br/potencial-eolico-em-terra-do-brasil-pode-ser-seis-vezes-maior-do-que-o-estimado/24053/. Acesso em: 5 jun. 2019.

2. Complete o roteiro das **Orientações gerais** e pesquise outras fontes de divulgação científica, como revistas, programas de TV, vídeos, *sites*, livros escolares e paradidáticos.

3. Registre a pesquisa utilizando as habilidades trabalhadas na **Etapa 1** para elaborar um texto com informações científicas.

Em grupo

4. Verifiquem se já estão em funcionamento usinas eólicas para fornecer energia ao município onde moram, principalmente se ele estiver localizado no litoral.

5. Dividam entre si a tarefa de elaborar os textos finais que completarão o quadro-resumo, o que possibilitará organizar as pesquisas individuais.

APOIO

Energia eólica: www2.aneel.gov.br/aplicacoes/atlas/pdf/06-energia_eolica(3).pdf. Publicação da Agência Nacional de Energia Elétrica (Aneel) que explica a energia eólica.

Segunda fase

Em grupo

1. Organizem as pesquisas elaboradas em um texto com o propósito de divulgar as informações e torná-las acessíveis.

2. Elaborem uma conclusão sobre a fonte de energia elétrica pesquisada, suas vantagens e/ou desvantagens considerando, por um lado, a intervenção no ambiente e os custos social e econômico e, por outro, a produção de energia elétrica e o benefício social.

3. Recorram a *sites* confiáveis, em que constem opiniões fundamentadas sobre as diferentes fontes de energia. Essa prática propiciará a vocês mais argumentos para defender ou não a fonte pesquisada, considerando o melhor para sua região.

4. Preparem e ensaiem uma apresentação oral dos resultados da investigação aproveitando as observações dos audiovisuais da **Etapa 1**.

PROPOSTA INVESTIGATIVA 6

ENERGIA HIDRÁULICA

> **Meta**
>
> Aprofundar o conhecimento sobre
> energia elétrica derivada de hidrelétricas.

Primeira fase

1. Nesse momento, cada membro do grupo deverá explorar o conteúdo por meio dos textos a seguir.

A energia hidrelétrica aproveita a força da água para movimentar turbinas. É a principal fonte de energia elétrica do Brasil, que tem o terceiro maior potencial hidráulico do mundo, atrás apenas da China e da Rússia.

Há vários tipos de hidrelétricas no país, dependendo de sua potência para gerar energia elétrica. As principais são as Pequenas Centrais Hidrelétricas (PCHs), que produzem de 1 a 30 megawatts (MW) e seu reservatório abrange uma área menor que 3 km². Aquelas cuja potência é maior do que essa são classificadas como Usinas Hidrelétricas (UHEs).

As vantagens das hidrelétricas são significativas: a energia é renovável e gratuita, pois depende apenas do Sol para a formação de nuvens e chuva e não emite poluentes.

No entanto, o custo de instalação é alto, e as UHEs, principalmente, causam grande impacto ambiental e social porque os cursos de água são represados e necessitam do alagamento de enormes áreas. Isso causa a destruição da vegetação natural e da fauna que habita a região, o que contribui para: a extinção de espécies vivas; o desmoronamento de barreiras com assoreamento dos rios e a extinção ou expulsão de espécies de peixes; a formação de grandes espelhos-d'água, propícios ao desenvolvimento de hospedeiros de doenças como malária, esquistossomose e dengue.

No aspecto social, as UHEs provocam o deslocamento de populações ribeirinhas e indígenas, algumas tradicionais nas regiões de alagamento, que são obrigadas a sair do local.

Outra desvantagem é a distância que a energia deve percorrer para chegar aos locais de consumo e o consequente gasto com a complexa rede de distribuição e respectiva manutenção.

E quando a estiagem é prolongada, a geração de energia cessa devido ao baixo nível da água, o que usualmente resulta na transferência da produção para usinas termoelétricas ou nucleares, mais caras e de forte impacto ambiental.

Pequenas Centrais Hidrelétricas permitirão acréscimo de 7000 MW ao sistema

Dois anos após a publicação da Resolução nº 673/2015, que trata da outorga para implantação e exploração de aproveitamento de potencial hidráulico com características de Pequena Central Hidrelétrica, [...] 51 outorgas foram publicadas e 505 atos foram emitidos [...]. A potência total é de 7 660,40 MW – o equivalente à soma de duas usinas de grande porte como Santo Antônio e Jirau [ambas no Rio Madeira, Porto Velho (RO)]. Os investimentos previstos são da ordem de R$ 58,6 bilhões, um montante que irá fortalecer a economia dos estados e beneficiar a cadeia de fornecedores, com predominância da tecnologia nacional na fabricação de equipamentos. [...]

"[...] Há geração de recursos para os estados e municípios, pois há incidência de ICMS e ISS e, além disso, aquecimento da economia, geração de empregos e benefícios sociais", ressaltou o superintendente de Concessões e Autorizações de Geração, Hélvio Guerra.

↑ Pequena Central Hidrelétrica de Funil, no Rio de Contas. Ubaitaba (BA).

A melhoria dos índices de desenvolvimento está comprovada. Uma pesquisa feita pela área técnica da Agência mostrou que em 10 anos – de 2000 a 2010 – das 176 cidades com PCHs analisadas, houve aumento no Índice de Desenvolvimento Humano municipal (IDHm): passou de 0,594 em 2000 para 0,712 em 2010 – um crescimento de 19,9%. Ficou comprovado, ainda, que esse impacto positivo é ainda mais intenso em municípios com baixos indicadores econômicos e com economia estagnada e, além disso, em um período de 10 anos, foi constatado que o desenvolvimento social e econômico dos municípios com PCH superou o de outros municípios da mesma microrregião. [...]

Pequenas Centrais Hidrelétricas permitirão acréscimo de 7 000 MW ao sistema. *Agência Nacional de Energia Elétrica*, 31 ago. 2017. Disponível em: www.aneel.gov.br/sala-de-imprensa-exibicao/-/asset_publisher/XGPXSqdMFHrE/content/pequenas-centrais-hidreletricas-permitirao-acrescimo-de-7-000-mw-ao-sistema/656877. Acesso em: 5 jun. 2019.

2. Complete o roteiro das **Orientações gerais** e pesquise outras fontes de divulgação científica, como revistas, programas de TV, vídeos, *sites*, livros escolares e paradidáticos.

3. Registre a pesquisa utilizando as habilidades trabalhadas na **Etapa 1** para elaborar um texto com informações científicas.

Em grupo

4. Verifiquem se estão em funcionamento grandes ou pequenas usinas hidráulicas para fornecer energia ao município onde moram.

5. Dividam entre si a tarefa de elaborar os textos finais que completarão o quadro-resumo, o que possibilitará organizar as pesquisas individuais.

APOIO

Pequenas centrais hidrelétricas: www.abrapch.org.br/pchs/o-que-sao-pchs-e-cghs. A página traz um texto que explica as características das pequenas centrais hidrelétricas.

Impactos das pequenas centrais hidrelétricas do Estado de Rondônia, de Fernanda Ferreira da Costa. Trata-se de um trabalho de conclusão de curso de bacharel em Engenharia Florestal que apresenta problemas causados pela instalação de pequenas centrais hidrelétricas naquele estado. Disponível em: http://bdm.unb.br/bitstream/10483/18202/1/2017_FernandaFerreiradaCosta.pdf. Acesso em: 5 jun. 2019.

Segunda fase

Em grupo

1. Organizem as pesquisas elaboradas em um texto com o propósito de divulgar as informações e torná-las acessíveis.

2. Elaborem uma conclusão sobre a fonte de energia elétrica pesquisada, suas vantagens e/ou desvantagens considerando, por um lado, a intervenção no ambiente e os custos social e econômico e, por outro, a produção de energia elétrica e o benefício social.

3. Recorram a *sites* confiáveis, em que constem opiniões fundamentadas sobre as diferentes fontes de energia. Essa prática propiciará a vocês mais argumentos para defender ou não a fonte pesquisada, considerando o melhor para sua região.

4. Preparem e ensaiem uma apresentação oral dos resultados da investigação aproveitando as observações dos audiovisuais da **Etapa 1**.

ETAPA ③ RESPEITÁVEL PÚBLICO

É chegada a hora de finalizar as propostas investigativas feitas pelos grupos e comunicá-las a um público mais amplo. Todas elas se relacionam ao tema geral do projeto e à questão do quadro **Direto ao ponto** (página 71).

Os produtos finais são momentos de troca e de compartilhamento entre os alunos do que foi aprendido durante o processo. É justamente a participação de cada um nas apresentações de todos os grupos que possibilita compreender o tema do projeto de forma mais ampla.

Neste projeto, as pesquisas proporcionam uma compreensão melhor das fontes e dos processos de produção de energia elétrica, bem como a comparação entre fontes renováveis e não renováveis e sua eficiência, do ponto de vista social e da sustentabilidade, principalmente para nosso país.

> **Produto final**
>
> Painel comparativo dos tipos de energia elétrica.

Nesse momento, os grupos devem se reunir para produzir em conjunto um painel — conforme o modelo a seguir — para comparar as fontes de energia pesquisadas. Se possível, preparem fichas do tamanho de cada célula do painel para preenchê-lo à medida que as exposições ocorram.

Características		Fontes de energia elétrica					
		Combustíveis fósseis	Biomassa	Energia nuclear	Energia solar	Energia eólica	Energia hidrelétrica
Como funciona							
Como se encontra	Brasil						
	Mundo						
Efeitos socioambientais							
Eficiência							
Uso na região da escola							

- Cada grupo deverá expor a pesquisa e respectivas opiniões sobre o uso da fonte de energia investigada.

- Após a exposição, você podem organizar um debate sobre a melhor forma de energia para a região. Assim, os membros da comunidade poderão opinar e vocês poderão argumentar com base em suas pesquisas. Se algum especialista no assunto for acessível, é importante que participe do debate.

- Depois do debate, uma votação pela comunidade pode eleger a forma mais eficiente de fonte de energia elétrica para a região. Nesse caso, antes da votação, o painel deve ser exposto durante algum tempo no local em que ela será realizada.

Modelo para cédula de votação

Se nossa região precisasse de mais energia elétrica, que tipo de usina você sugeriria que fosse construída?	
Usina solar.	
Usina hidrelétrica grande.	
Pequenas usinas hidrelétricas.	
Usina eólica.	
Usina termoelétrica de carvão, gás natural ou diesel.	
Usina termoelétrica de bagaço de cana-de-açúcar.	
Usina termoelétrica nuclear.	
Qual seria o principal motivo?	
O ambiente seria preservado.	
A construção não alteraria a vida da população.	
É muito eficiente (produz muita energia).	
A relação custo-benefício é positiva.	

- Durante o período de votação, os grupos, em esquema de revezamento, devem explicar aos eleitores as informações do painel enquanto coordenam o processo.
- Antes de votar, os eleitores devem examinar os dados de cada fonte de energia no painel e esclarecer quaisquer pontos com vocês.
- Ao divulgar o resultado da votação, vocês podem avaliar o trabalho e se autoavaliar tendo em vista todo o processo realizado e o esclarecimento da comunidade.

BALANÇO FINAL

Avaliação coletiva

Em uma aula com os professores de Ciências e Língua Portuguesa, toda a turma conversará sobre o desenvolvimento do projeto escolhido. Seguem algumas perguntas para nortear o diálogo.

- O que foi aprendido com o projeto tendo em vista o que vocês pesquisaram?
- Os produtos finais contribuíram para ampliar o conhecimento sobre fontes de energia elétrica?
- Que outras investigações poderiam ser realizadas em ocasiões futuras?
- Como a resposta à questão norteadora foi ampliada?

Avaliação individual

Conclua a avaliação feita ao longo do projeto.